玄鸟文丛

王子今 主编

思想的形状

汤惠生 著

中州古籍出版社
·郑州·

图书在版编目(CIP)数据

思想的形状 / 汤惠生著 .—郑州：中州古籍出版社，2024.10
（玄鸟文丛）
ISBN 978-7-5738-1196-7

Ⅰ.①思… Ⅱ.①汤… Ⅲ.①考古 – 中国 – 文集
Ⅳ.① K87-53

中国国家版本馆 CIP 数据核字（2023）第 257335 号

SIXIANG DE XINGZHUANG
思想的形状

出 版 人	许绍山
策划编辑	郑　雄　闵世勇
责任编辑	周　贝
责任校对	唐志辉
装帧设计	曾晶晶

出 版 社	中州古籍出版社（地址：郑州市郑东新区祥盛街27号6层 邮编：450016　电话：0371-65788693）
发行单位	河南省新华书店发行集团有限公司
承印单位	河南印之星印务有限公司
开　　本	787 mm × 1092 mm　1/32
印　　张	9.125
字　　数	170 千字
版　　次	2024 年 10 月第 1 版
印　　次	2024 年 10 月第 1 次印刷
定　　价	36.00 元

本书如有印装质量问题，请联系出版社调换。

总 序

"玄鸟文丛"收入王仁湘《月西日东》、吕宗力《诸神在人间》、王子今《沧海大风》、陈文豪《庸儒斋随笔》、汤惠生《思想的形状》、李华瑞《平坡遵道续集》、朝戈金《雪地走橐驼》共7种随笔集。

"玄鸟文丛"的这几位作者都是考古学、中国史、民俗学、文学等学术领域学有优长,做出过一些学术贡献的学人。大多声名响亮,是名震一方甚至享誉海内外的学术领袖。但是这组作品的基本品质和主要内容，并不是非常严肃的学术论说，其学思往往溢于专业框架之外，因而多有自然、生动、新鲜的气息。但是所有的文字，又都是作者在自己学业基础之上的精心创作，往往在轻松的风格后面，透现出雄厚的学理基底。通过从容的叙说，读者应当也可以体会到深沉的思想脉动。

"玄鸟文丛"定名，由自中州古籍出版社出版人的建议。在上古神话传说中，"玄鸟"是沟通天与地，联系自然与人文的飞动的精灵。据说少皞部族联盟"纪于鸟，为鸟师而鸟名"。"玄鸟氏，司分者也。"玄鸟执掌着最重要的春秋季节转换。（杜预《春秋经传集解》："玄鸟，燕也。以春分来，秋分去。"）《诗·商颂·玄鸟》说："天命玄鸟，降而生商，宅殷土芒芒。"《史记》卷一三《三代世表》曰："诗人美而颂之曰'殷社芒芒，天命玄鸟，降而生商'。"《焦氏易林》卷九《晋·剥》言："天命玄鸟，下生大商。"其说由来于商人先祖"契"的生母简狄吞玄鸟卵怀孕的传说。《史记》卷三《殷本纪》说："三人行浴，见玄鸟堕其卵，简狄取吞之，因孕生契。"司马贞《索隐》引谯周云："（契）其母娀氏女，与宗妇三人浴于川，玄鸟遗卵，简狄吞之。"裴骃《集解》："《礼纬》曰：'祖以玄鸟生子也。'"而《史记》卷五《秦本纪》记载，另一影响历史走向的族群有关先祖的神话中，也有"玄鸟生子"情节："女修织，玄鸟陨卵，女修吞之，生子大业。"神秘的生命接续神话，将社会文明与"玄鸟"的轻羽联系起来，借助神翼实现腾飞。王褒《九怀·蓄英》言："玄鸟兮辞归，飞翔兮灵丘。"王逸注："悲鸣神山，奋羽翼也。"（《楚辞补注》，中华书局1983年版，第275页）汉人的"玄鸟"咏叹，似乎表达了特殊的文化感觉。"玄鸟"的飞翔与鸣叫，可能是丛书设计者的初衷。

近年"随笔"受到书界关注，"随笔"作为文体，其实有悠久的传统。放宽眼界来看，古来学者的许多"笔记""札记"，与今人所称"随笔"多有共性。近代思想家鲁迅的许多杂文，大略也可以归入通常所谓"随笔"一类。不过鲁迅似不用"随笔"之称。他的一些文章题名"随感录"，关心"随笔"文体史的学者，也许应当有所注意。鲁迅有作于1918年的《随感录二十五》《随感录三十三》《随感录三十五至三十八》，作于1919年的《随感录三十九至四十三》《随感录四十六至四十九》《随感录五十三至五十四》,以及《随感录五十六至五十九》《随感录六十一至六十六》,都编在《热风》中,收入《鲁迅全集》第1卷。另有《随感录》《随感录二十五》,收入《鲁迅全集》第8卷。据注释,收入第1卷者"据手稿编入,当作于1918年4月至1919年4月间",收入第8卷者"最初发表于1919年4月30日《每周评论》第十五号'随感录'栏。原无标题,每则文后均署庚言"。(《鲁迅全集》,人民文学出版社2005年版,第8卷,第106至107页)鲁迅的《随感录》,有的有标题,多数则只有标号。鲁迅题《随感录》的文章,其中多有现今人常称为"金句"者,许多言辞透露出历史的真知。比如:"不满是向上的车轮,能够载着不自满的人类,向人道前进。""多有不自满的人的种族,永远前进,永远有希望。""多有只知责人不知反省的人的种族,祸哉祸哉!"(《随感录六十一,不满》,《鲁迅全集》,第1卷,第376页)

对于我稍微熟悉一些的秦汉史,这样的议论不妨在这里引录:"古时候,秦始皇帝很阔气,刘邦和项羽都看见了;邦说,'嗟乎!大丈夫当如此也!'羽说,'彼可取而代也!'

羽要'取'什么呢？便是取邦所说的'如此'。'如此'的程度，虽有不同，可是谁也想取；被取的是'彼'，取的是'丈夫'。所有'彼'与'丈夫'的心中，便都是这'圣武'的产生所，受纳所。"鲁迅说，"如此"以及"如此"之后，有三个层次的"算最高理想的表现"：1."纯粹兽性方面的欲望的满足——威福，子女，玉帛"；2.面对"死"，于是"求神仙"；3."造坟，来保存死尸，想用自己的尸体，永远占据着一块地面"。鲁迅三次用同样的语句强调："我怕现在的人，也还被这理想支配着。"他还写道："现在的外来思想，无论如何，总不免有些自由平等的气息，互助共存的气息，在我们这单有'我'，单想'取彼'，单要由我喝尽了一切空间时间的酒的思想界上，实没有插足的余地。"鲁迅所说的"现在"和我们今天面对的"现在"，已经相差104年。但是我们知道，他指出的"纯粹兽性方面的欲望的满足"以及其他层次的"理想"，依然"支配着""很阔气"的"现在的人"。

在言及"秦始皇帝很阔气"之说的前面一段话，鲁迅论"圣武"，也可以给我们有意义的启示。他写道："几位读者怕要生气，说：'中国时常有将性命去殉他主义的人，中华民国以来，也因为主义上死了多少烈士，你何以一笔抹杀？吓！'这话也是真的。我们从旧的外来思想说罢，六朝的确有许多焚身的和尚，唐朝也有过砍下臂膊布施无赖的和尚；从新的说罢，自然也有过几个人的。然而与中国历史，仍不相干。因为历史结帐，不能像数学一般精密，写下许多小数，却只能学粗人算帐的四舍五入法门，记一笔整数。"他说："中国历史的整数里面，实在没有什么思想主义在内。这整数只是两种物质，——是刀与火……""'刀与火'也触目，我们也可以别想花样，奉献一个谥法，称作'圣武'，便好看了。"(《随感录五十九，"圣武"》，《鲁迅全集》，第1卷，第371至373页)

鲁迅熟悉"中国历史"，尤其善于进行历史的透视，历史的总结，历史的理解和说明，也就是"历史结帐"。他的许多历史分析，是专门的史学工作者的榜样。

"玄鸟文丛"的作者们，应当都是赞同鲁迅的意见，也愿意探知和说明"中国历史的整数"的。"玄鸟文丛"中的文字，有些可以体现这样的努力。

匆匆以此短序回复出版社的要求，言略意长，但是没有经过深沉思考,希望不至于对不起这套"玄鸟文丛",不至于辱没了其他6位好友。

承中州古籍出版社认真编校、正式推出,谨此代表作者表示感谢。至于读者是怎样的态度,是表扬赞许还是冷漠视之,或者批评鄙视,当然要待发行之后再注意倾听。

王子今

2024年10月于北京

目 录

图书序跋

《岩石上的历史画卷——青海海西岩画》序————003

《风雅之好：明代嘉万年间的书画消费》序————007

《图像时代的精神寓言——中国新石器时代的神话、艺术与
　　思想》序————011

建立岩画学科的研究范式
　　——《岩画学刊》（创刊号）序————017

知识考古学与认知考古学
　　——《建构神圣——良渚文化玉器、图像与信仰》序
　　————044

左图右史·岩画百年
　　——《西北岩画艺术史》序————051

《左江花山岩画研究报告集》序————067

岩画考古：花山岩画研究的新进展

　　——《左江花山岩画与相关考古遗存的关联性研究》序
————071

《大兴安岭岩画与环太平洋岩画带研究》序————085

书评文论

考古的延伸

　　——读蒙和平的《消失的三峡古镇》————095

条析与整合

　　——读水涛的《中国西北地区青铜时代考古论集》
————103

从实证到验证

　　——蒋乐平《跨湖桥文化研究》读后————122

把灵魂留在高处

　　——周宁《人间草木》读后————135

通往高处

　　——张文华《高原系列》印象————143

思想的形状

  ——林逸鹏《云南印象》之印象————149

日志随笔

维桑与梓，必恭敬止

  ——电影《高楼万丈平地起》观感————163

一个时代的终结

  ——悼念萧兵先生————169

悼念梁白泉先生————176

教堂山的日子（旅美日志选摘）————181

图书序跋

《岩石上的历史画卷——青海海西岩画》序

20年前我在意大利的卡莫诺史前研究中心编写《青海岩画》时,我的导师阿纳蒂教授看着青海岩画分布图说:"好像青海的岩画地点几乎都集中在海西,海西有多大?"我告诉他海西州的面积和整个意大利国土的面积是一样的,都是30多万平方公里。他吃惊地看着我,说:"那你只用3年时间做调查是远远不够的!"他说对了,当时我们在海西只发现了10处岩画地点,而现在海西州的岩画分布图上,已增加至21处。

在古代人留下的诸多精神文化物证中,岩画是最直接的。所谓直接,就是说很多时候画面便可直接告诉我们古代人在想什么,而不需要借助理论的诠释。比如卢森岩画中的狩猎图,有的猎人站在车上进行射猎,有的猎人躲在树后射猎,有的则骑马狩猎,等等,这好像是一幅幅教科书般的狩猎图,用画面的形式直接告诉你古人的狩猎欲望、狩猎行为以及各种狩猎的方式。所以自从19世纪末欧洲坎塔布里亚洞穴岩画被发现后，岩画便成为史前学研究的主要内容，而史前学则成为研究史前人类与社会的专门知识。即使后来发展起来的考古学，举凡涉及史前人类的精神文化时，仍始终如一地袭用史前学中的各种理论与方法。北京山顶洞人遗址发现旧石器时代晚期的艺术品后，当时山顶洞人遗址发掘的主持人，我国著名的旧石器时代考古学家裴文中先生请来了他的老师，法国著名的洞穴岩画学家，同时也是法国史前学会会长步日耶。在他的指导下，1948年裴文中出版了《中国史前时期之研究》，其中颇富特色的就是对中国旧石器时代艺术方面的研究。这是我国第一本涉及史前艺术研究的著作，因为深受步日耶为代表的法国史前学研究的影响，所以其中关于史前艺术的研究理论与方法，完全来自岩画的研究。裴文中先生的史前艺术研究不仅成为中国史前艺术研究的嚆矢，并从此也被奉为圭臬。半个世纪以后，裴文中先生有关山顶洞人艺术品的研究被编辑成专册，命名为《旧石器时代之艺术》，由商务印书馆出版，可见其影响之巨。

多年之后，我在读裴文中先生的《旧石器时代之艺术》时，每每有一种似曾相识之感，后来才猛然想到：原来裴文中先生和阿纳蒂教授都是步日耶先生的学生！史前研究中的岩画学风是其共同之处。我之所以在此翻检出陈年旧事，只是为了说明岩画之于史前的重要性；同时也想再次强调这一点，因为在中国，岩画已经被史前研究和考古研究遗忘和忽略得太久了！

这本画册还令我想起我在海西调查岩画的那些艰苦而快乐的日子——寻找的艰苦和发现的快乐。海西州地广人稀，山高水长，而且岩画似乎都处在荒无人烟的偏远之地，加之交通不便，调查时的艰苦程度如同《西游记》中的九九八十一难一样！也正是有了这些磨难，所以每当发现岩画时才会有唐玄奘获得真经一样的喜悦。由此我也感同身受海西州文化局和博物馆的文物工作者在调查岩画时所付出的艰辛和努力。这本画册不仅是对我个人海西情结的慰藉，更是对学界岩画研究的一个贡献。事实上就青铜时代而言，整个欧亚大陆的岩画，包括考古学文化，都属于北方草原文化体系，大同小异，其共同之处远远大于时空上的差异；人群和社会背景也都属于游牧部落和酋邦社会，其精神文化更是有着许多共同之处。所以在这样一个文化背景下，无论对考古学还是岩画研究，都需要一种综合比较的研究方法，这就要求区域资料的丰富性和完整性，这也正是这本画册的学术价值所在。

虽然海西岩画点增加到21处，但肯定还有更多尚未被发现的岩画点，除了寻找和发现更多的岩画外，我想更为重要的是对已发现岩画的保护。保护中更重要的不是技术，而是管理；而管理中最为重要的是保护意识。这本画册如果能引起世人对岩画的重视，增加世人对岩画的保护意识，诚所愿也！

《风雅之好：明代嘉万年间的书画消费》序

康宁的《风雅之好：明代嘉万年间的书画消费》（下面简称《风雅之好》）一书马上要梓行面世了，这是一件非常值得高兴的事。对于这一课题，我并不熟悉，本没有资格写序，这些文字权作推介吧。

明代世风大抵以成化为分水岭，前期崇尚敦厚俭朴，后期趋向浮靡奢侈，正如《松江府志》说："成化以来，渐侈靡，近岁益甚。"从成化年间开始，"散敦朴之风，成侈靡之俗"。明代后期有点像南宋，虽内有忧患，外有强敌，但整个社会却呈现出一种文化繁荣和市场昌盛的景象。尤其是到了晚明，早期那种"薜荔可衣，不羡绣裳；蕨薇可食，不贪粱肉；箕踞散发，可以逍遥"（《小窗幽记》）的道家风范没有了，而是"未富先奢"的糜烂，"粉窗翠幕，拥童奴，设香茗，弹丝吹竹，宴笑弥日"（钱谦益：《列朝诗集小传》乙集"姚御史绥"）。竞尚侈丽闾阎衍、放僻淫佚之风,"流风愈趋逾下,惯习骄奢,互尚荒佚。以欢宴放饮为豁达,以珍味艳色为盛礼。其流至市井,贩鬻厮隶走卒,亦多缨帽细鞋,纱裙细裤。酒庐茶肆,异调新声,汨汨浸淫,靡甚勿振。甚至娇声充溢于乡曲,别号下延于乞丐"(万历《博平县志》卷四"民风解")。之所以说晚明像南宋,还有一点就是二者社会文人阶层的发育。南宋的社会虽然积贫积弱,但文化发达,思想理论多样化发展。而晚明同样也是,高罗佩说明代是中国文化空前繁荣的时期,特别是晚明。从文化的角度来看,明代是中国历史上最辉煌的时期之一,就是这个时代见证了纯粹的中华文化的典范,也就是说,这个时期最完整地表达了中国人的理想。唐代以来的异域影响已经被中国人消化吸收,到了明代,各民族的文化实现了彻底的融合。(高罗佩:《琴道》《中国古代房内考》)

"未富先奢"的另一种社会表现就是文化的发达。晚明是一个让知识分子或中国文人感到眷恋和怀旧的时代,一如南宋。盛大的汉唐气象是政治家所憧憬的,而南宋式的文人向往更多的是敝帚自珍的残山剩水。到了晚明,似乎是二者的结合，追求一种小家碧玉中的富丽堂皇，一种精致的豪华，可谓中国的巴洛克。文震亨的《长物志》、高罗佩的《中国古代房内考》都提到，明代是一个追求生活风尚富丽堂皇的时代。明人是杰出的建造师，他们建有许多宏伟的宫殿、宅第和别墅，内陈漂亮的家具。明代的春宫画所达到的水准从未被人超越。至今，宣德炉、成化瓷、景泰蓝、永乐石雕、明式家具等，都是文物收藏界最炙手可热的藏品。所以举凡阅读反映明代的文字，大抵都描述了河清海晏、社会安定、文化繁荣、思想丰富、生活充满情趣等内容。

《清明上河图》是北宋画家张择端的作品，它不仅是中国绘画史上标志性的作品，同时也是中国收藏史上的经典藏品。绘画经典与文化盛世，两者一旦相遇，便生出故事无数。文献记载《清明上河图》在明朝嘉靖年间有过一次交易，这次交易不仅见诸多种史籍，而且被改编成剧本《一捧雪》搬上舞台，其影响之巨可以想见。这次交易所牵涉的也都是历史名人，如王忬、严嵩、严世蕃等人，所以为世人所津津乐道；同样加之也是名人的鲁迅、吴晗等人对此交易评述，这次交易也就成为有关《清明上河图》流传最广的故事之一。

《风雅之好》将《清明上河图》这次交易分作王忬求画、黄彪作伪、汤臣索贿、严氏杀人四个部分，然后对这四个部分逐一进行辨析、考证和分析，向我们展示了一幅来自晚明社会与文化的生活图景。然后从《清明上河图》的消费个案出发，对嘉万时期的书画消费进行了多视角的观察，透过消费者、消费需求与消费环境、古董摊肆、古董商与居间人、价格、庋藏需求、雅贿等的表象，给读者揭示出历史深处的汹涌暗流，使读者了解到书画消费繁荣背面深层的历史原因。

对于明代，特别是晚明以来的文化生态的研究，近年来似乎形成一股浪潮，譬如赵柏田的《南华录》等，这与康宁的《风雅之好》是否有关，我不敢肯定，但从时间顺序上来看，处于潮头的《风雅之好》的确起着引领的作用。当然，《风雅之好》所反映的其他方面的学术研究及其价值，得靠读者们的阅读来进一步发掘。

《图像时代的精神寓言——中国新石器时代的神话、艺术与思想》序

曲枫先生的《图像时代的精神寓言——中国新石器时代的神话、艺术与思想》是一部关于中国新石器时代神话、艺术与思想的思考与探索的考古学著作,不过说其是一部新石器时代考古学术史的理论检视著作也是可以的;或者从后过程主义考古学角度来看,该书也可理解为基于考古资料来研究史前宗教,也就是史前认知考古学。

英国考古学家伦福儒说,真正的考古学史不仅是指考古材料发现的历史,也不只是科学技术的发展史,而是包括考古学思想在内的发展历史。历史证明,难度最大的发展是观念的进化,这也就是为什么加拿大考古学家布鲁斯·特里格的《考古学思想史》1989年出版后好评如潮的原因(陈淳语)。我们国家的考古学经过一个世纪的发展,在考古材料方面,可以说已经是蔚为大观了,不过

令人遗憾的是相应的研究，也就是理论和方法论方面的发展，却远远不能满足材料的需求。材料对于推进考古事业的发展助力有限；而思想的每次变化，都意味着一个新的天地。对我国20世纪中叶以来各种史前研究理论做一个即便是简要的学术回顾与评述，不仅及时，更是亟需。作者没有陷于从学术流派和理论思潮的角度去总结体系的学术史研究，而只是选择一些具有代表性的理论观念加以评述，使之更具针对性。譬如图腾问题，这曾是中国史前研究的一把万能钥匙，举凡不能解释的，最终都归类于图腾而加以了结。不过到了90年代初，张光直先生指出用图腾来解释考古材料的问题所在，后来90年代中期，俞伟超等人撰文评析所谓图腾崇拜的虚幻性；而该书作者则以皇帝的新衣来对图腾加以否定。从对图腾制理论的肯定到最后被解构，与其说反映了考古学领域对理论和概念的认知过程，不如说是折射出整个社会学术思潮的演化过程。

关于这种价值体系的判断与讨论，实际上是西方现代扩张的意识形态或逻各斯中心主义二元对立体系指导下的宏大叙事。后殖民和后现代主义研究解构（并非否定）现代性宏大叙事，诸如理性、自由、民主、文明、进步之类具有普世意义的观念；反对"元解释"和"文本意义"，在思维上、在哲学上抱持一种对于逻辑性观念与结构性阐释的"不轻信"和"怀疑"的态度，全面批评自柏拉图以来的西方哲学，特别是以非黑即白的二元对立论为基础的逻各斯中心主义。西方现代性留给我们的思想陷阱，不在观念的本身，而是在观念与现实之间的关系。真正的问题是，如果你将启蒙哲学与解构西方现代扩张历史对读，就会发现知识与权力危险的合谋。后殖民和后现代主义研究解构西方现代性宏大叙事，为西方现代性精神解构提供了辩证的否定面，从中我们既可以看到西方现代性的缺陷，又可以发现其活力（周宁语）。关于图腾制的认知过程即其一例：从肯定到否定，从建构到解构。

萨满教理论也是20世纪西方流行的史前研究理论。20世纪初德国学者格莱纳、施密特等人从文化人类学角度提出文化圈理论，认为萨满教只是一种极地文化现象。20世纪50年代，法国的鲍泰和美国学者伊利亚德分别出版了《萨满教和巫术问题》和《萨满教：古老的入迷术》两部书。伊氏的《萨满教》将世界各地的萨满教加以系统地比较研究，分析总结了全世界范围内萨满教的基本特征如宇宙观、神话观、迷狂术、灵魂观及其祭祀仪轨、继承制度、崇拜形式等，认为萨满教就是世界范围内的原始宗教形态。德国的劳梅尔也认为整个世界的古代文明都是萨满式文明，萨满教是曾经在世界范围内普遍流行的唯一的原始宗教。美国的坎普贝尔，以及前苏联的奥克拉德尼科夫等人，运用萨满教的思想观念来解释整个世界范围内的原始文化和原始艺术。张光直教授认为中国古代文明也是以萨满式文明为特征；李约瑟博士认为汉代的巫、觋、仙等均为萨满，而且汉代"羡门"一词，实为萨满的最早译音。

20世纪的80年代末，南非的路易斯·威廉等人提出了新萨满主义理论，运用南非布须曼人的人类学材料和神经心理学认知模式来解释南非岩画和欧洲洞穴岩画，同时也解构传统的萨满教认知模式。萨满教是不是世界范围内最早的宗教形式、萨满教的迷狂是脱魂还是凭灵、三界世界观的表象形式等不再是被人关注的焦点，代之以神经心理学的各种认知模式，如该书中所涉及的蛙纹或神人纹、太阳光芒、动物身上的重圈纹和涡纹、X光风格的人骨架等。

人类的认知永远不会停止，换句话说，真理永远在路上。后殖民和后现代主义研究的并不是一个学科，而是一种思想方法，一种关注自我意识，即自我指涉性的思想方法。它对西方现代性知识体系，既是摧毁性的，也是建设性的。摧毁性表现在其普遍怀疑主义的解构性批判上，建设性则表现在西方文化自身包容对立面的辩证开放性上。折射在考古学科中，这就是后过程考古学，亦即认知考古学。久矣夫！我们的眼睛只盯着考古学文化的物质层面，而完全忽略了精神领域，这也正是马克思主义研究范式的特征。世界无疑是物质的，包括人类文化。不过人类文化区别于自然界的正是物质文化后面的人类精神。文化是物质的，然而，是根据人类的精神而构成的。准确地说，文化是观念的产品。正是在这个意义上，后过程主义才被称为认知考古学。研究考古学文化的精神层面不仅仅是后过程考古学的主旨,同时也应是马克思主义考古学范式的研究内容。20世纪末,俞伟超先生也呼吁对精神领域的考古学探索,而曲枫先生的这部《图像时代的精神寓言——中国新石器时代的神话、艺术与思想》正是关于史前精神文化的考古学探索,同时也可视为中国的认知考古学的发展。

后现代与后殖民主义那种自我指涉性的倾向有时会呈现出一种很严肃的玩世不恭,曲枫写作中的口语化语言与授课式行文风格表现出的正是这个特征。不过,知识和真实也只是社会、历史和政治话语的产品,在这个意义上,风格就是内容。

建立岩画学科的研究范式
——《岩画学刊》（创刊号）序

中国岩画研究发展到21世纪，俨然已成为一门独立的学科了，然而来自国内学术界质疑的声音和疑惑的目光仍羁绊着这门学科的发展，情况一如一个世纪前的欧美。这不能怪国内其他相关学术界，虽然我们可以将其常规地解释为任何学科的独立都需要一个过程及时间的发展与积累。不过究其具体原因，应该是我国岩画研究发展的动力不足所致。而这恐怕与我们研究范式的阙如有关。

一

纵观中国学术史，贯穿两千年此起彼伏的是汉学宋学之争。所谓汉学，其发轫可以上溯到西汉末年刘向、刘歆父子倡导的研究古代典籍的方法，侧重于将古代典籍当作历史文献进行研究，注重利用文字的考据、训诂、辑补作为论据来注疏文本。东汉时的马融与郑玄将这个学派发展到巅峰,故又称"马郑之学"。宋代兴起的"宋学"是与"汉学"相对的一种学术概念,邓广铭将其定义为"作为汉学的对立物而出现的,它乃是汉学所引起的一种反动"。其旨在"微言大义",是注重经义阐述的"义理之学",从而与汉学自理论、方法论到学术目的和学术路线等方面均形成对照。

时间进入到 20 世纪初,由于辛亥革命和五四运动反封建主义的强烈影响,中国学术主流所秉持的大旗,同样也是反封建主义,呼唤一个理性和批判的时代。在这一点上,我们甚至可以将其视为中国的启蒙运动。反映在史学界的启蒙思潮,大致可以以三个史学家的思想作为代表:顾颉刚、王国维和傅斯年;或者在某种意义上可以说这是 20 世纪 20 年代短短十年间新史学思潮三个阶段的代表。

首先是疑古思潮。1923 年,顾颉刚在其发表的《与钱玄同先生论古史书》一文中,便已透露出疑古思想的端倪,开始认为正史中所记载的中国古代历史实际上是一个战国秦汉以后出于政治的需要,由儒生"层累地造成"的过程。顾颉刚的疑古思想给史学界带来的是一种颠覆性的认识与观念；而给整个学术界和思想界带来的则是一种理性精神和批判思维："用科学的方法去整理国故。"英国哲学家卡尔·波普尔提出了以科学和非科学划分的证伪原则，他说非科学的本质不在于它的正确与否，而是在于它的不可证伪性，可证伪性是一个科学理论的必要属性。尽管以顾颉刚为代表的古史辨派并没有将证伪作为一种验证理论的方法来进行具体问题的研究，但将这种证伪精神带入历史研究中，无疑促使中国的古史研究趋于科学的发展。

第二阶段是证古。如果说顾颉刚的疑古思想是一种"破"，王国维的证古态度则是一种"立"。1925年，王国维在其《古史新证·总论》中说："吾辈生于今日，幸于纸上之材料外，更得地下之新材料。由此种材料，我辈固得据以补正纸上之材料，亦得证明古书之某部分全为实录，即百家不雅训之言亦不无表示一面之事实。此二重证据法唯在今日始得为之。"王国维的"证实"与顾颉刚的"证伪"看似对立的两个学派，但实则彼此呼应、相得益彰，极大地推动了20世纪20年代新史学的发展，成为中国近代历史研究上的一个里程碑，对中国古史研究科学性及其地位的确立，功莫大焉！所以陈寅恪认为王国维的二重证据法"足以转移一时之风气百示来者以轨则"。时至今日，学者们依然觉得王国维的"二重证据法在80多年后仍值得我们阐述和发扬"。认为只有考古学和历史学相结合才是中国考古学的特色。

第三阶段是傅斯年旨在古史重建的科学考古。作为五四运动学生领袖和史语所（中央研究院历史语言研究所）创始人的傅斯年，多年之后始终高擎反封建这面大旗。所以对待历史的态度，毫不例外地认为无论是汉学还是宋学，都已僵化不堪，或"流为琐碎，而不关宏旨；流为今文，而一往胡说。琐碎固是朴学，今文亦是家法，然其末流竟如此无聊也"。他主张纯客观的科学研究，倡导科学的实证主义，认为这才是革弊图新、与时宜之的办法。1928年他在《历史语言研究所工作之旨趣》中谈道："要把历史学、语言学建设得和生物学、地质学等同样……我们要科学的东方学之正统在中国。"傅斯年在北大讲授《史学方法导论》中更进一步地阐述了他有关历史研究的新思路：

"一、史的观念之进步，在于由主观的哲学及伦理价值论变做客观的史料学。二、著史的事业之进步，在于由人文的手段，变做如生物学、地质学等一般的事业。三、史学的对象是史料，不是文词，不是伦理，不是神学，并且不是社会学。史学的工作是整理史料，不是做艺术的建设，不是做疏通的事业。"他认为历史文献如《周礼》《世本》等是间接史料；出土文献如甲骨钟鼎文、简牍等是直接史料。而史学就是史料学的扩充，也就是对直接史料的发掘、发现和对间接材料的考订、辑补。分开来讲，对于历史研究而言，他注重史料的考订与辑补，认为近代史学即史料学；而考古学，则要贯彻"上穷碧落下黄泉，动手动脚找东西"这样一条以田野工作为主的学术路线，通过发掘与发现来扩充史料。这意味着将对历史的研究主要理解为史料的考证、辑佚和整理。史学的任务既然只是"证而不疏"地整理材料，而非理论的阐释，那么史学的进步，也只能以材料的辑补和扩展来衡量。傅斯年强调："凡一种学问能扩展他的研究材料便进步，不能的便退步。"同时，他为史料的扩充指明了一条新的途径：走出书斋，进入田野。

他有句著名的口号"我们不是读书人,我们只是上穷碧落下黄泉,动手动脚找东西",这里的"读书人"指的是那些无论从事"汉学"还是"宋学"的书斋学者。他认为中国学术"末流竟如此无聊"的原因,正是由于这些足不出户学究们镇日"整理国故"钻故纸堆所造成的。他想引入重视田野资料、重视实验数据的西方学术体系和研究范式,并以此来改造国学,建立他所谓的"科学的东方学"。所以他呼吁要改变"读书就是学问"的观念与风气,走向田野,"要实地搜罗资料,到民众中寻方言,到古文化的遗址去发掘,到各种的人间社会去采风问俗"。走向田野,扩充史料,可以说是傅斯年为近代历史和考古研究所制定的一个发展方向。

二

1962年美国哲学家托马斯·库恩在其《科学革命的结构》一书中第一次提出了"范式"的概念,并在理论层面系统加以阐述。范式从本质上讲是一种理论体系,库恩指出:"按既定的用法,范式就是一种公认的模型或模式。""我采用这个术语是想说明,在科学实际活动中某些被公认的范例——包括定律、理论、应用以及仪器设备统统在内的范例——为某种科学研究传统的出现提供了模型。"在库恩看来,范式是科学家集团所共同接受的一组假说、理论、准则和方法的总和,这些东西在心理上形成科学家的共同信念。范式是存在于某一科学论域内关于研究对象的基本意向,它可以用来界定什么应该被研究、什么问题应该被提出、如何对问题进行质疑以及在解释我们获得的答案时该遵循什么样的规则和路线等。从另一方面来讲,科学范式本质上就是为了让人否定,让人证伪,这也就是纠谬和修正的过程。范式的不断演化,从而推动了科学的进步,也就是库恩所谓的科学结构的革命。比之流派、学派等,"范式"这一术语更具有演变或发展之类的历史观,用胡适的话讲,更具有"事物如何发生,怎样来的,怎样变到现在的样子"这样一种"历史的态度";它不像思想、理论、方法、技术路线等术语那样严格和具有刚性,而带有"风格"之类的个性和柔性,这更易于在一个较长的历史时期或更广泛的层面上加以理解和讨论。

从学术史的角度来看，我国的历史研究可以分作众多的流派和思潮，但在范式语境中，只有汉学和宋学两种，正如《四库全书总目·经部总叙》中所说的："自汉京以后，垂二千年，儒者沿波，学凡六变"，但"要其归宿，则不过汉学、宋学两家，互为胜负"。

这两种范式从理论、方法论到学术目的和学术路线等方面均形成对照。从论证的方法特征上来看，"即物以穷理"的汉学多采用归纳法，而"立一理以穷物"的宋学则倚重演绎法。顾颉刚疑古，王国维证古，到傅斯年的科学考古，虽然标以不同学术流派的标签，但其研究范式却是一致的，这便是因袭了清代乾嘉以来"无征不信"的汉学实证主义传统，所以这一阶段同时也被称为实证主义新史学阶段。

尽管二重证据法成为实证主义新史学的法宝，但对此持批评态度者，也不在少数。与其说它是一种方法论，不如说是一种目的论更为妥当，也就是说要研究当时大量出土的甲骨文字，唯一的办法就是验诸文献，反之亦然。从具体的内容看，二重证据法不外乎史事的澄清，如殷代高祖王亥是否实有其人，在历史上一直是个悬案。王国维在卜辞研究中发现了王亥之名，并考证出此人被奉为高祖，从而为王亥的存在提供了原始的材料。又如《殷周制度论》，亦仍以事实的辨析为主题等。事实上"以新发现的文字资料结合已有的文献研究历史，中国自古如此，何须标榜'二重证据法'？"二重证据法对历史学的意义远远大于对考古学的意义，在考古学中强调二重证据法实际上很不利于学科的发展，因为在实际工作中，考古学科中的二重证据法基本上只能用于文献与出土文字材料的互证，而其他大量出土的没有文字的考古资料由于二重证据法不适用可能会被忽略；不仅如此，过分地强调二重证据法定然会造成一家独大甚至是独霸山头的局面，语言文字之外的其他考古研究理论和方法也会因此受到限制，显然不利于多样化的发展。过分强调二重证据法将会使考古学成为历史学的附庸，"而不能成为一门独立提炼信息的学科"，从而失去了作为独立学科的地位和意义。从整个古代社会研究的角度来看，历史学研究的是文献所反映出来的过去，考古学研究的则是物质文化所呈现出来的过去，二者所呈现出来的过去本来就应该不一样，二者的轨迹可能会交汇，但不应重合。

傅斯年虽然号称用自然学科的方法来研究历史，但在具体研究范式上，恰恰是清代朴学传统的忠实继承者。他明确表示："我们的宗旨第一条是保持亭林、百诗的遗训。""我们反对疏通，我们只是要把材料整理好，则事实自然显明了。一分材料出一分货，十分材料出十分货，没有材料便不出货。推论是危险的事，以假设可能为当然是不诚信的事……材料之外我们一点也不越过去说。"对待材料"存而不补"；处置材料"证而不疏"。但他所说的"材料"，也只能是地下出土的文字材料而已，因为他也是二重证据法的倡导者，而文字之外的材料是无法运用二重证据法进行互证的。他强调的是直接材料与间接材料之间的二重互证，在《史料略论》一文中，他认为是范例的如王国维以卜辞证历史文献（《殷卜辞中所见先公先王考》中关于王亥的考证），陈寅恪利用长庆唐蕃会盟碑考证吐蕃赞普年号的《吐蕃彝泰赞普名号年代考》，王国维利用简牍所作的《流沙坠简》补遗考释，罗振玉据敦煌材料撰《补唐书张议潮传》，吴大澂据金文考"文"字，等等，无不透露其史学倾向。其实在他眼里，考古学只是历史学的一部分，是为历史学在田野中寻找和扩充史料的学科。

正如胡适在其《治学的方法与材料》一文中所说的："不但材料规定了学术的范围，材料并且可以大大地影响方法的本身。文字材料是死的，故考证学只能跟着材料走。"基于材料至上这样一种指导思想的研究范式，对于历史研究来说，方法必然是考据与辑补，最终目的是编史和编年。不过到了20世纪下半叶，马克思主义研究范式占据了统治地位，历史研究终于偏离了材料至上和二重证据法的实证主义归纳法轨道。马克思主义研究范式更倾向于演绎法，这似乎是对"立一理以穷物"的宋学的声援。自此以后，被汉学压抑了几百年的宋学才有了出头之日。作为研究范式，汉学宋学并重开创了20世纪下半叶中国历史研究的新景象。

不过考古界却依然故我：史料仍然至上，二重证据法仍然独领风骚。虽然表面上我国"考古学的研究始终以马克思列宁主义为指导"，国外学者也将我们的考古研究范式标以马克思主义的标签，但事实上，正如美国考古学家张光直所指出的，在考古作业上，马克思主义并"不能发挥很大的具体作用"。即便是一般理论和方法论，马克思主义也很难指导考古学，苏秉琦对此有着更加真切的体会："当年写教科书，就是拿着社会发展史、历史唯物论的框架，把考古材料塞进去，以为这就是理论与实际结合起来了，其实只是'戴帽穿靴'。编到最后，教师说这不是考古学，学生学这个没有用。献礼之后，我们去陕西华县发掘，还是要摸陶片……我们不能用社会发展史代替中国历史，这是属于不同的范畴，不同的层次。"

情况确乎如此，在具体的考古研究中，考古界至今仍奉材料和二重证据法为圭臬，认为考古学就是历史学的一部分。夏鼐把实物资料（考古）和文献资料（狭义的历史学）均绑在历史研究的马车上，从而形成"历史学科（广义历史学）的两个主要的组成部分，犹如车的两轮"；张忠培"让材料牵着鼻子走"的学术路线，至今仍在考古学研究中被普遍加以贯彻；田野发掘一直恪守着傅斯年所倡导的"上穷碧落下黄泉，动手动脚找东西"的史料学传统，考古报告的编写也是遵循着"证而不疏"和"多闻阙疑，慎言其余……写近代考古学的报告本当如此"的原则。也就是说，作为一种研究范式，汉学的实证主义传统自傅斯年以来，就一直是考古研究的主流范式，而且时至今日，情况并没有本质性的改变：清代朴学的考据和辑补在考古学中变成了类型学，编年和编史转换成考古学文化的编年、序列和时空框架，二者可以说是"同途同归"。

中国考古界虽然对马克思主义和史料派都非常认可，而事实上这两种研究范式是相互抵牾的。马克思主义研究范式是要以唯物史观阐释过去，是要注疏的，而史料派却"证而不疏"，一如张忠培所说的："考古学家只能让研究对象自身的逻辑关系从自己的头脑中蹦跳出来，切不能用别的学科结构，哪怕是那些被称之为放之四海而皆准的真理，取代对考古遗存的具体研究。"比如《元君庙仰韶墓地》1983年出版时，张忠培在结语中套用摩尔根和马恩的"家族、氏族、部落"的概念来解释元君庙墓地三种墓葬形式。但这显然不符合他自己所说的"让研究对象自身的逻辑关系从自己的头脑中蹦跳出来"的说法，也不像傅斯年所说的事实自然流露，而是基于马克思主义理论范式的一种推论。后来张忠培显然意识到了这一点，并说若再写这本书，他不会再套用家族、氏族和部落的概念了。

几年后，他在《黄河流域史前合葬墓反映的社会制度的变迁》一文中也确乎这样做了："依对元君庙墓地的分析，上述亲属单位组成墓区，又由墓区组成墓地。如果把合葬墓为代表的亲属单位视为一级组织的话，那么墓区则为二级组织，墓地则为三级组织。"从这个例子我们可以看到马克思主义和史料派这两种研究范式其实是很难兼容的。不过这主要是史料派自身的原因，不仅是马克思主义，事实上史料派"证而不疏"的学术特征与任何其他范式的研究都是难以兼容的。

20世纪90年代初，苏秉琦清楚地意识到考古材料不等于历史，史前考古不等于史前史，唯器物论不等于唯物论，呼吁区系类型学之外"更高层次的理论"，并重申傅斯年"古史重建"的学术思想，提出新时期考古学的任务仍以复原和重建中国古代史为标志，为中国当代考古学研究制定出"修国史、写续编、建体系"的根本任务和宏伟蓝图。1994年白寿彝总主编的《中国通史》第二卷《远古时代》出版，该分卷由苏秉琦主编。这本书显然是整个

《中国通史》中的史前史部分，也正是苏秉琦晚年所倡导和致力的事业。不过令人玩味的是第二卷并未以"史前史"的名字出现，而取名《远古时代》，因为该卷所使用的材料和撰写的方法及篇章安排，完全是建立在区系类型之上的考古学，而非历史学。《远古时代》一名表现出历史与考古之间的徘徊，并透露出苏秉琦"修国史"和"写续编"的愿望尚未完成的无奈，毕竟，脱胎于史料学派"区系类型"考古体系是无法完成不属于自己的"修国史"和"写续编"的历史学任务。

进入21世纪后，也就是在苏秉琦呼吁区系类型学之外"更高层次的理论"之后不久，整个考古界终于感觉到了史料学"证而不疏"这种学术路线和二重证据法对学科发展的束缚。2009年国家文物局颁布了《田野考古工作规程》，称之为"新规程"，该规程的正文仅25页。虽然这个文件仅仅是对考古学田野工作规范与技术性的指导，但其颁布新规程的根本原因则是由于考古学终于不能忍受对历史学的依附。这个技术性的规定当然不可能以批评以前考古学取向的姿态进行理论层面的阐述，但其总则中提及新规程的出台原因时,还是比较明确地表达出这种倾向:"从物质文化史的研究向社会历史研究进步,是学科发展的必然方向。但不同学术背景下的学术群体可能是以不同的方式实践这个过程。中国考古学复原历史的研究主要是从对中国文明形成问题的探讨来切入的,体现了中国学术背景下的历史研究取向特点。然而,当研究一旦深入到古代社会的层次,研究领域和课题的多样化以及研究技术方法的多样化立即呈现出来。"也就是说原来以古代历史为重点的考古学研究现在转变为以古代社会为重点了。技术性和方法论很刚性的田野发掘都不得不发生变化,那么研究理论和范式的变化将更是颠覆性的。这意味着自傅斯年以来以历史取向和二重证据法为主的,包括"证而不疏"的史料学研究范式在21世纪的考古界不可能再独步天下了。

三

作为与考古学有着紧密关系或曾被认为是考古学一个分支的岩画学,是自20世纪80年代以后在中国蓬勃发展起来的学科。如果说占主流地位的史料学派研究范式是考古学科成熟的标志的话，那么研究范式的多样性不得不向相近学科学习和借鉴，则显示出岩画学年轻或不成熟的特点。不仅中国学术界一直盛行的马克思主义和汉学两种研究范式在岩画研究中被普遍加以运用，而且西方所谓的八种考古研究范式也屡屡被借鉴使用。一直被考古学所冷落的"立一理以穷物"的宋学研究范式在岩画研究中找到了立足之地，并一度发展到滥用的地步；相反，汉学的实证传统在岩画研究中不仅不能独步武林，甚至有点受排挤的味道。之所以这样，可能与岩画学科本身的特征有关。所有的岩画都是史前图像，没有任何可以直接借助的文字材料，所以建立在文字学基础上的考据方法便成了无本之木，失去了用武之地；如是，建基于文字之上的材料学当然也不复存在。不能"证"，只好"疏"了。在这种情况下，"立一理以穷物"的宋学传统，或被傅斯年坚决摈弃的建立在演绎法基础上的假说——验证法却大行其道，成为岩画研究的首选范式。

虽然岩画学已经发展成一门独立的学科，但还需时时看考古学、历史学、艺术学、人类学、民族学、符号学等诸位老大哥的脸色行事。换句话说，要从这些邻近学科中学习和借鉴理论和方法论，用以建立自己的研究范式，从而确立自己的学科地位。就目前来看，岩画学自身发展动力不足主要表现在以下两个方面。

首先是断代。这是从事任何古代研究的首要任务，也是目前岩画研究最为紧迫要解决的问题。如同考古学年代分相对年代和绝对年代一样，岩画的断代也是分为两种，只不过把通过实验室测试获得的绝对年代称作"直接断代"，而把运用交叉比较法获得的相对年代称作"间接断代"。

相对年代（或间接断代）在考古学中被称作"交叉断代"或"横联法"，这是建立在"相似即相关"原则之上的，通过形制和风格的比较来确定其大致年代的方法。它是考古类型学方法之一，绘画艺术研究中也多采用这种方法，即通过风格、技法、图像等的比较来确定其年代、风格、流派等问题。对于历史研究来说，因为有了文献和文字的辅助，交叉断代成为一种有效的断代手段；对于考古来说，借助于地层学，交叉断代也是一种有效的断代手段。但对于更早时期如旧石器时代的岩画,没有地层关系或时代业已确定的出土遗物的参照,这种交叉断代法则是非常危险的,它有可能会误导研究者的判断。就岩画而言,云南金沙江流域新近发现许多动物岩画,其风格与欧洲旧石器时代洞穴岩画中的动物形象非常相似,人们最初判断有可能是旧石器时代的岩画。但最后通过铀系法测年,其绝对年代却只在距今 5000 多年前。在可能的情况下,交叉断代在考古界已尽量不使用了,而对于岩画断代来说,目前我们还不得不使用这种方法。不过需要注意的是,在使用这种断代法时,交叉的对象不仅一定要多,而且关联性一定要紧密。

如果从 20 世纪 80 年代算起,岩画学在我国已经有 30 多年的发展历史了。全国性的岩画普查已基本结束,岩画调查资料和研究的数量也蔚为可观,经过交叉比较进行过间接断代的地点也不在少数,但经过直接断代的岩画地点却仅有 6 处。这个数字放在 20 世纪是可以理解的,由于技术和经济等方面的原因,直接断代还不能普遍用于岩画的时代确定。但进入 21 世纪后,碳 -14 和铀系法等已经可以成熟地运用于岩绘画断代（尽管微腐蚀断代法的精确性尚有较大的提升空间，但也成功地运用于我国岩刻画的断代），而且直接断代所需要的经费现在也不再是主要问题了。在这种情况下，仅有6处直接断代的数据，这极大地影响到岩画研究的正常发展。严格地说，只有经过直接断代的岩画资料才能用于科学研究，那么这就意味着全国10000余处岩画地点中只有6处可资使用的科学资料，而其他巨大的史料资源由于没有直接断代而无法利用，应该说这是一种惊人的资源浪费。由此可见直接断代之于岩画研究的迫切性。

岩画直接断代的实践目前在我国已经不是一个技术问题，而是涉及学科发展的理论和认识问题。没有直接断代，岩画研究的范式便无从谈起，岩画研究也就无法成为一门独立的学科，所谓岩画学也只能是一个传说。

其次是学科的理论与方法论。岩画研究范式的建立，必须要有自己适用的理论和方法论。每个学科由于所研究的对象不同，所以其研究范式也应该具备只有自己才适用的特殊之处。前面我们已经谈到马克思主义作为指导理论，很难用于建立在以类型学为主导的考古学研究上，因为所谓类型学（包括区系类型）仅仅是一种分类和比较的方法，可以用于任何理论，而不必贴以任何理论的标签。马克思主义不仅成为一种考古学的研究范式，而且实际上已经声名大噪，比如以马克思主义著称的考古学家柴尔德。尽管柴尔德并没有创造出任何田野考古工作的方法，但他把毕生精力都花在用马克思主义观点来了解社会文化的演变及其性质。唯物主义与以物质文化为研究对象的考古学应该有一种与生俱来的亲缘性，而且"各种形式的唯物主义与考古学之间有着长期的历史关系，考古学研究实物材料，便很容易受到这种方法的影响，因此形成这种关系也就顺理成章"。由此来看，作为认知考古学范畴的岩画研究来说，运用马克思主义的空间当然更为广阔。其实我们不必在具体研究中去刻意袭用马克思主义，这样反而有"戴帽穿靴"之嫌。在研究范式的语境中，对于一个从小就受马克思主义教育的中国学者来说，无论研究任何人文学科（除语言、绘画等技术类的），想不用马克思主义都很难，因为马克思主义提供给我们的不仅是理论和研究范式,最重要的还有思维方式和世界观,这是我们与域外学者的本质不同之处,同时也正是西方学者将我们贴以马克思主义标签的原因。

汉学实证主义由于文字的阙如也很难用于岩画的阐释,而宋学的演绎法如果理论运用不当或缺乏直接证据的话,也很容易流于空泛。不仅是中国,西方岩画界也存在着同样的问题,在一些理论的宏大叙事下,岩画研究同样也充斥着不着边际的空疏和主观臆测。鉴于这样一种情况,虽然我们不必继承史料学派史料至上、证而不疏的研究范式,但其朴学中"无征不信"的实证精神,却值得我们继承和发扬。而且,"证"一定要直接,正如断代也要直接一样。所谓直接,是指研究对象与证据材料之间的联系必须紧密。还是以前面提到的元君庙墓地为例,张忠培之所以后来改变了最初的看法,不再套用"家族、氏族、部落"的概念来解释元君庙墓地三种墓葬形式,就是因为两者之间的联系不紧密,缺乏直接证据。假如以后我们通过民族学或人类学找到默证或运用中程理论,证明元君庙仰韶墓地的三种墓葬形式就是摩尔根和马恩所说的"家族、氏族、部落"三级社会的物质反映,那么我们才可以认为这是"直接证据"。在这一点上,20世纪中叶以后我国学术界出现的"三重证据法"和南非的岩画研究中对直接证据的寻找与运用,很值得我们借鉴和参考。

20世纪中叶,黄现璠、徐中舒等人开始大张旗鼓地提出"三重证据法",即在运用王国维"二重证据法"的同时,再加上"口述史料"或民族学,作为对"二重证据法"的补充。到了90年代,叶舒宪、萧兵等人提出了补充以文化人类学资料为方法的"三重证据法"。不过叶舒宪的"三重证据法"并不是对"二重证据法"的补充和扩展。在叶舒宪的"三重证据法"中,语言文字的考证只是作为论证的手段,而不具有学术理论的意义,他的研究范式是在后过程主义人类学理论与中国汉学考据方法相结合的基础上形成的。我们甚至可以说,它是将汉学宋学传统融合后所形成的一种新的研究范式,其间既采纳了"立一理以穷物"的宋学演绎法,同时也使用了"即物以穷理"的汉学归纳法。叶舒宪研究范式中的理论构架较为驳杂,有弗莱的原型批评理论,有伊利亚德的宗教理论,过程主义的中程理论，以及后过程主义的认知考古学理论等。不过叶舒宪并不是割草机，不分良莠地一味收割，而更像是一只羊，吃下去的草都是有用的。即便是作为第三重证据的人类学材料，在叶舒宪的研究范式中也是作为中程理论形式出现，而不是作为默证而呈现。默证是直观的，而中程理论则需论述。在叶舒宪的研究范式中，假说—验证和"微言大义"的比重要远远大于考据。由此可见，如果说叶舒宪的"三重证据法"是王国维"二重证据法"的补充和发展，王国维不干，恐怕叶舒宪也不干。叶舒宪这种汉学宋学并重、兼容并包的开放式研究范式，应该成为岩画学术研究可以参照和借鉴的范例。

此外，南非的岩画研究近年来取得了令人瞩目的成就，其中最为著名的是路易斯·威廉对南非布须曼人岩画的研究。南非的布须曼人至今仍保持着在崖壁上制作岩画的传统，路易斯·威廉在深入调查和研究布须曼人的宗教、仪轨，包括萨满的作画仪式后，结合神经心理学的科学实验数据与结果，对布须曼人的岩画进行了全面深入的分析和研究。其研究成果在岩画界、考古界、人类学界、宗教学界、艺术研究领域以及神经学界，都引起了强烈的反响，其学说被称为"新萨满教"或"新萨满主义"。路易斯·威廉的研究中有三个特点值得我们关注：

1. 材料的直接性。由于布须曼人至今仍在岩壁上作画，所以通过对作画仪式和行为的系统调查，可以获得关于岩画制作的过程、技术、含义、象征、原因以及功能等方面最为直接的第一手材料。

2. 数据的科学性。运用神经心理学的实验数据和结果，可以对如迷狂、通神等萨满巫师的仪轨和心理活动，及其作为物质形态的画面、图像等进行科学的解释。

3. 理论的系统性。将这些第一手材料和数据纳入一个完备和系统的理论中，也就是在萨满教的理论体系中进行阐述，在整个布须曼人文化和宗教的语境中加以研究，从而使岩画研究具有了更多的支撑和更为广泛的文化意义。

结　语

一如我国学术界，国外也同样存在着汉学宋学之争。岩画研究中可以以我们中国学者较为熟悉的、也就是为本刊作序的阿纳蒂和贝德纳里克二位学者为代表。阿纳蒂是20世纪上半叶法国史前学泰斗步日耶的学生，他继承了老师那种宏大理论阐释学传统和雕龙风格，其研究范式可以与我国的宋学传统相媲美，他在岩画的释义方面做了非常深入的研究，他有关岩画的四种经济形态的区分方法及其岩画语法的理论对我国学者有着很大的影响，我们可以将阿纳蒂教授当作西方的宋学传统。如果可以列举一个西方汉学传统的代表人物的话，这个人当然是澳大利亚的岩画学家贝德纳里克。与20世纪20年代的傅斯年一样，他也倡导用自然科学的标准来研究岩画，认为对岩画的主观随性解释是一种"诡辩"，甚至要"审判诡辩"。21世纪初，国际岩画联合会与比利时Brepols（布里珀斯）出版社合作出版了由澳大利亚岩画学者贝德纳里克主编的一套丛书，已经出版的三本为《岩画与认识论：审判诡辩》《岩画科学：旧石器艺术的科学研究》《多语言岩画研究术语表》。这三本书首次在国际上对于岩画学科进行全方位的定义和规范。与阿纳蒂相反，贝德纳里克旗帜鲜明地反对对岩画的过度解释，而倡导"科学的岩画研究"。用他的话说，采用"国际的研究标准、全球性的岩画术语、适于操作的学术规范与体系、科学的研究方法与手段"来建立岩画研究的规范。不过其规范的目的不是为了限制学者们的研究，而是要确立学科的内涵与外延，以便学者对特定对象进行专门的研究。我们研究范式的建立，也正是对学科内涵和外延进行确立的方式之一。

20年前中国考古学处在一个转型时期，新老考古学的研究范式开始发生冲突，考古界两名重要人物俞伟超和张忠培分别代表新老考古学在《中国文物报》上撰文论战。如果放在中国传统学术的语境下来看，这种论战其实也就是汉学宋学之争的延续。此时张光直似乎作为一个中间调停者，综合两人的看法，对中国考古学的发展提出三点建议：理论多元化、方法系统化、技术国际化。现在看来，这三点建议对于中国岩画学的发展，也是具有现实指导意义的。

感谢《岩画学刊》的创刊，给岩画学进行学科建设和科学研究提供了一个平台。这是中国第一份关于岩画研究的专门学术刊物，我相信，这份刊物一定会促使中国岩画学科的发展进入到一个新阶段。

知识考古学与认知考古学
——《建构神圣——良渚文化玉器、图像与信仰》序

20世纪90年代中期，认知考古学的概念在中国还比较模糊。伦福儒、霍夫曼、比奇、弗兰纳利等人的考古学著作还没翻译成汉语时，俞伟超先生就说过，考古学研究不能只停留在物质资料的分析层面上，更应该揭示这些物质文化创造者的精神和心理世界。当90年代末福柯的《知识考古学》翻译成汉语出版后，俞先生便兴冲冲地研读起来。之后在一次交谈中我问及此书，俞先生只淡淡地说了一句话："不好懂，不是谈考古的。"俞先生说得对，此书的确不是考古书，而是哲学书，福柯只是借用了"考古学"一词。考古学在这里不是一门学科的名字，而是一个表示研究方法的动词。"美术考古学""认知考古学"等都是偏正结构，而"知识考古学"却是正偏结构，重点是知识。例如《临床医学的诞生》的副标题是"医学感知

的考古学",《词与物》的副标题是"人文科学的考古学","考古学"在福柯那里一直只是一种研究方法。

我国的考古学已经发展到了21世纪，但我不认为我们对现代性的建设不同于20世纪，也不认为我们的理性主义和逻辑中心已经发生改变，但可以清晰地看到我们考古学的研究范式却已经明显发生变化，除了原来以类型学为主的研究范式已转向多学科的研究范式外，最主要的是认知考古学的介入，使我们在认识方面，对"物的存在方式，以及那个在对物作分类时把物交付出知识的秩序的存在方式，发生了深刻的变化"。这个变化就是人不仅作为客体，同时也作为主体介入。这就是为什么在谈认知考古学时我要从福柯开始谈起，以及为什么说《知识考古学》事实上与考古是有关的。

正如作者自己说的,《建构神圣——良渚文化玉器、图像与信仰》(下面简称《建构》)一书侧重于形而上的研究，属于精神文化领域的考古，也就是考古学上"透物见人"，我觉得直接袭用国际考古学界所通用的"认知考古学"应该更恰当。按我国传统观念和话语方式，则是器与道，或技与艺之间的关系。该书是关于良渚玉器、图像、祭坛、墓葬、神话等主题思考的一个汇总，虽然主题多样，但是以玉器为核心的，作者尽可能地将涉及良渚文化方方面面的材料纳入到一个连续秩序的理解空间中去，这个空间的前缀叫"神圣"。该书就是围绕着良渚文化，去探讨神圣有哪些具体的表现？神圣空间有哪些类型？良渚人建构神圣空间的动力是什么？神圣空间与仪式的关系又是什么？等等。也就是像作者自己所说的："我所要做的，就是借由良渚人留下的物质遗存重建和呈现这一神圣的世界。良渚文化共同体让其精神生活集中体现在以玉为核心的符号体系里。良渚文化的历史可以被解读为玉器和仪式被群体视作神圣的历史。有趣的是，这个神圣世界具有两重含义：一是由良渚人建构的；二是我个人的解读，是我对良渚人精神世界的一种重建。"

如果说传统考古学、过程考古学等是在以启蒙精神和理性主义的现代性语境下所形成的话语方式的话，认知考古学则是对现代性的反动，正如福柯所说的只有从19世纪之后，知识才与人联系在一起，人既作为知识的主体,又作为知识的客体而产生。作为知识的主体,人被推向了中心的位置,成为全部知识和事物的主宰;作为知识的客体,人也成为被研究的对象。福柯在其《知识考古学》中谈到早期的"认识型",即建立在相似性分类结构中的知识。然后是古典时期通过事物之表象的理性分析来进行认识的连续演化,最后则进入以本质、起源、结构为原则,把事物联系起来的现代。在现代,自然不再是物体,而是非实体性的、功能性的力,如电、光、热、磁等,科学的对象是视而不见的,只能被抽象地理解。尽管福柯研究的不是考古学,但他的《知识考古学》却为我们认识考古学提供了一个新的观察视角。现代性语境下的考古学太过强调"物",无论是历史文化学派的"型"、过程主义的规律与普遍性,还是后过程主义的"质"、能动性等,都可以放在福柯的三个认识阶段的框架下理解。而认知考古学的出现,似乎是对福柯关于人在知识中起到的作用论断的回应:人既是主体又是客体,人被理解为这样的存在,只有在人的内部,知识才成为可能。所以,这时的知识形式是人文科学,哲学形式是人类中心主义,而考古则进入到认知考古学。

从伊利亚德"神圣的存在"引申出来一个"神圣空间"的概念,用以研究良渚文化中具有象征意义的遗物与遗迹,并对良渚人的象征体系和精神世界进行分析,从而形成真正意义上中国认知考古学的话语方式,这是该书最大的特点。结语部分跳出良渚文化,概括地观察了史前及青铜时代其他地区的神圣中心,指出神圣空间是人类日常生活的一个重要组成部分。神圣空间的兴、败、转移、再造,是它们永恒的宿命。神圣空间是一个多元的,可以复制的,无限的存在。"当我们从神圣与世俗的空间分类视角来看待考古遗存,实际上是承认说人类在制作日常世俗器物的同时,同时也在制作一些与另外一个世界,与神灵有关的物品建筑和图像。"而这些反过来也构建了具有特质象征体系的良渚人。

关于人及其能动性的讨论,即便是后过程主义,其观点也不尽一致。安东尼·吉登斯对过程主义及其以前的考古学重点批评,他认为忽略了人的能动性,在他们的考古学中"个人是迷失的",人只是"盲目遵循社会规则的被动受骗者"。最典型的是马克思主义考古学，把人的能动性提到社会变革动力的高度，即阶级斗争。当然也有反对者，譬如朱利安·托马斯，他认为人的能动性不是观察过去社会的有效视角，文化决定论者的立场倒是更加能说明问题。

到了福柯，关于后过程主义中人的能动性的说法又发生了根本的改变，即人不是能动的创造者，而是一个在知识面前的被建构者。如果按照《知识考古学》的语境来理解的话，这里关心的只是话语和话语实践。这里的考古学既不是一种关于创造的心理学，主体的权威性不在考古学家的思考之列，也不是一种创造的社会学，广而言之，也不是一种创造的人类学。如同福柯的考古学一样，作者并不试图恢复表述者在表达时刻所赋予话语的思想、希望、目的、经验和欲望。考古学不是对起源的最深层秘密的回归，只是对话语客体的系统描述。这种考古学研究方法，不仅是以往的西方思想家所不熟悉的，也是我们现代考古学家所不熟悉的。秉承尼采"重估一切价值"的信条，这是一种"重新书写"人类知识活动的考古学努力。

哈贝马斯把现代性理解为一个方案、一项未竟的事业，而不是一种哲学；福柯认为他的知识考古学也不是一种理论，而仅仅是一种范围，一种研究的领域，两人都在表达与前人的决断和知识上的断裂，这要有足够的胆识与自信，因为决断和断裂是一种再生。从书名《建构》上我们也可以看到作者的雄心和企图，该书是"以良渚文化的考古学材料为载体而进行的一场精神文化考古的探索，也可谓史前思想史的研究"，说这话同样是需要胆识的，同时也是对俞伟超先生最后在21世纪初进一步认为精神文化领域的考古是"考古学中最精彩的部分"这一说法的呼应。

也正是在这个意义上，我认为这是一本富有新意的认知考古学专著，我也非常愿意在此推介给广大读者。

是为序。

左图右史·岩画百年
——《西北岩画艺术史》序

西北地区自古为边陲之地，戎狄荒服，"怅乔木荒凉，都是残照"，一派春风不度的朔漠连天景象，从来都是与形容词"落后"相搭配的对象。不过岩画却是个例外，《水经注》记述的岩画分布地带就在西北地区，20世纪初美国人弗朗克在西藏附近发现的动物岩画，斯文·赫定在藏北发现的动物岩画，以及史密斯和杜齐等人对西藏西部、日喀则等地岩画的研究，包括中瑞西北科学考察团对西北地区岩画的考察，以及后来盖山林等人对阴山岩画的考察与研究，这都奠定了西北岩画研究在全国的领军地位。

宁夏岩画研究院的杨惠玲研究员可以说是宁夏岩画研究院的元老了，20世纪90年代就开始从事岩画研究，她的国家社科基金项目成果《西北岩画艺术史》最近将由宁夏人民出版社出版，向我索序，我非常愿意向读者们推荐这本岩画专著。中国岩画研究史上两次最早、规模最大的国际研讨会分别于1991年和2001年在银川召开，并且于20世纪就成立了当时是全国唯一的岩画研究院来进行专门的岩画研究，这足以反映宁夏回族自治区人民政府对岩画的重视以及他们在岩画事业研究方面的实力。

该书没有像一般的学术研究史那样，按照时间的线索进行分门别类的叙述和评说，而是采用不同的结构，再用学术史的眼光去贯穿，有点像考古勘探中的梅花探。岩画不是独立的文化现象，所以该书设计了第一章"西北地区自然环境及文化发展"，第二章"西北地区与欧亚草原文化的接触、联系"，以及第四章和第五章"西北地区岩画艺术综合考察"几个章节来进行立体式的分析研究，特别是其中第二章，反映出作者视野的宏阔。

撰写西北岩画艺术史首要的问题并非时代测年和内容的解读等，而是思考岩画这种文化表达形式所具有的文化意义和功能。很少有人将岩画放在整个欧亚草原地区的考古学文化的背景下进行讨论，更没有人认为岩画是欧亚大陆"青铜时代全球化"的产物。这是对北方草原动物岩画的定性，而这种定性突破了以往仅仅从时代、风格、内容主题以及分布区域方面的界定，是一种追根溯源式的定性，令人不仅知其然，也知其所以然。作者认为从青铜时代晚期以来，来自欧亚草原的文化因素逐渐在西北地区考古学文化中显现，其影响力和扩散范围日趋加大。发展到青铜时代末期，各种动物装饰品也日渐增多。自公元前9世纪起，西北地区自西向东陆续进入铁器时代，青铜以及金银制作的动物风格装饰品普遍见诸各区域性的地方文化，其纹饰、造型、题材都与欧亚草原游牧文化中的同类器物极为相似，显示出它们之间的紧密联系，反映出这一时期我国西北地区与欧亚草原地区之间文化互动频繁，已跨越了较大的空间，表现出交流与互动所带来的兼容性。这就是所谓欧亚大陆"青铜时代全球化"的表象，岩画也正是这种表象之一。这种认识的意义在于回答了岩画的出现、分布、时代、族群以及文化属性等问题，将这些问题放置在一个相互关联有序的有机系统之内来论述，其说服力是不言而喻的。

图1 鄂尔多斯青铜牌饰上的老虎形象（左）；内蒙古阴山岩画中的老虎形象（右）

根据认知考古学领袖伊恩·霍德尔的理论，作者认为西北地区的族群借用了来自西部草原地区的图像类型，通过有意识地创建地区身份标识，使之与南方的"华夏族"明显区别开来，以对抗来自南方施加的政治压力。正是这种身份确立的需要激发了岩画制作高潮的出现，这些带有域外特征的图像类型可谓既是交流的产物，又是地区属性的视觉见证物。这似乎是一种"夷夏之辨"的岩画声音。苏秉琦先生的区系类型和满天星斗说被认为是打破了历史考古学界根深蒂固的古中原中心、汉族中心、王朝中心的传统观念，从而受到追捧。任何理论都可以被追捧和运用，只要能指导我们解决研究中的各种问题。"夷夏之辨"也可继承，岩画研究中强调"夷夏之辨"，与考古学打破中原中心论一样重要。因为在考古学中黄河流域仰韶文化的内涵与特征已经很清晰了，它与长江流域、塞外草原地区、江南稻作地区等地的考古学文化共同构成了中国境内的史前文明，各地的文化已被清晰区分开来，所以再用"合"的眼光来将其聚在一起，这是研究阶段和研究趋势所需。岩画不同，虽有区系，但关系不明，有些类型和区域甚至尚未被清晰分开，即便是从初级理论的角度被区分开，但也如同考古学文化那样，其内涵和特征仍不清楚，甚至无法辨析何为"夷"，何为"夏"。所以在这种情况下，作者对西北草原动物岩画的定性，就显得意义重大了：整个西北草原地区游牧岩画既然是欧亚大陆"青铜时代全球化"的结果，是借用了来自西部草原地区的图像类型，通过有意识地创建地区身份标识，使之与南方的

"华夏族"明显区别开来,那当属"夷"无疑。这个区分和认知意义重大,这将暗示我们应从哪个方向去寻找"华夏族"的岩画。

从20世纪初黄仲琴教授调查福建仙字潭岩画以来,中国岩画的近代研究已经发展100多年了,在这一个世纪多的发展过程中,岩画的主要发现和初级研究阶段已经完成。目前我国岩画的分区已经相当明确,由最早的南北两个类型,到目前的八个类型或分区,而这些也仅仅基于制作、题材、时代以及分布区域等外部表象特征所做的分区研究,用过程考古学的术语归纳即基于初级理论的问题,至于文化功能、社会意义、分布特征、传播形式等需要中程理论或高级理论来回答的问题,一概尚未涉及。那么中国岩画研究将如何再上一个台阶呢?其衡量的硬性指标又是什么?

20世纪80年代,全国范围的文物普查初步告一段落之后,学者们腾出手来开始进行方法论和理论方面的思考了。

中国传统的学术研究范式,正如《四库全书总目·

经部总叙》所说:"自汉京以后,垂二千年,儒者沿波,学凡六变",但"要其归宿,则不过汉学、宋学两家,互为胜负"。这两种范式从理论、方法论到学术目的和学术路线等方面均形成对照。从论证的方法特征上来看,"即物以穷理"的汉学多采用归纳法,而"立一理以穷物"的宋学则倚重演绎法。所谓汉学,其发轫可以上溯到西汉末年刘向、刘歆父子倡导的研究古代典籍的方法,侧重于将古代典籍当作历史文献进行研究,注重利用文字的考据、训诂、辑补作为论据来注疏文本。东汉时的马融与郑玄将这个学派发展到巅峰,故又称"马郑之学"。宋代兴起的"宋学"是与"汉学"相对的一种学术概念,邓广铭将其定义为:"作为汉学的对立物而出现的,它乃是汉学所引起的一种反动。"其宗旨在于经义阐述的"义理之学",从而与汉学从理论、方法论到学术目的和学术路线等方面均形成对照。实际上中国岩画的学术研究,也正是在中国传统的学术语境中展开的。

如果说占主流地位的史料学派研究范式是考古学科成熟的标志的话,那么研究范式的多样性不得不向邻近学科学习和借鉴，则显示出岩画学年轻或不成熟的特点。不仅中国考古界一直盛行的马克思主义和汉学传统（实证主义）两种研究范式在岩画研究中被普遍加以运用，而且西方的各种考古研究范式也屡屡被借鉴使用。一系列各种各样的人类学理论和宏大叙事研究范式不仅在岩画研究中找到了立足之地，而且一度发展到滥用的地步。相反，汉学的实证传统在岩画研究中不仅不能像在考古学中那样独步武林，甚至有点受排挤的味道。之所以这样，可能与岩画学科的本身特征有关，归纳法远不如演绎法来得轻松。不过问题立刻出现了，流于空泛和空疏的岩画研究，很快便被考古学拒之门外。

由于岩画大抵属于史前文化遗迹，无法运用基于文字进行比较的"二重证据法"，所以到了20世纪90年代，岩画研究中有人便提出了基于文化人类学资料的"三重证据法"。不过就其研究范式而言，"三重证据法"（考古材料—文献—人类学）并不是对传统"二重证据法"（考古材料—文献）的补充和扩展，而是一种新的方式。因为"二重证据法"只是一种"证"，而不是方法，如果从方法论上去考虑的话，至多是一种比较法。如若将"二重证据"作为一种方法论来提倡的话，可能弊大于利，违反了科学研究的方法，"证"就成为研究之目的了，同时无形中降低了学科的研究意义和宗旨。但在"三重证据法"中，不再仅仅是简单的比较了，科学的方法论被引进，"三重证据法"的研究范式是建立在过程主义考古学理论上的产物，即把动态的民族学人类行为应用到静态的文献学材料中。这种实证便不再是简单的民族学材料类比，而是提出原理性的认识，亦即假说—验证。

从"二重证据法"到"三重证据法"，远远不是一个量的发展或者说是进步。所谓"实证"，是在我们的经验范围和现有的知识结构中加以证实，而当我们的经验范围和现有的知识结构无法判断时，才会诉诸"二重""三重"乃至"多重"证据。无论从认识论还是方法论的角度来讲，"一重"与"N重"之间其实并无质的区别，仅仅是一种量变。所以无论"二重证据"还是"三重证据"本身，都不具有新的理论和方法论意义，有意义的只是延展了我们用于实证的经验范畴和现有的知识结构。但一旦作为"法"出现时，二者之间便有了根本性的区别，前者一定程度上限制了学科的发展；而后者则由于新方法的介入成为中程理论，从而向科学性更近了一步。所以对于采用多重证据法来延展我们的经验范围和现有知识结构的理论表述，应该是"中程理论"，正如它的发明者美国社会学家弥尔顿所定义的："主要用于指导基于经验范畴的探寻。"

中程理论，顾名思义，即为一种能把考古材料与过去的人类行为之间的缺失弥合起来，或能把经验观察与抽象和无法验证的高级理论串联在一起的方法指导。20世纪下半叶以来，自从宾福德将社会学的中程理论引入考古学之后，中程理论便很快成为新考古学的核心理论之一，以至有些教科书认为应该让中程理论在20世纪末的考古学研究中扮演主角。之所以这样，正是因为中程理论正是在实证主义的理论基础上发展起来的，似乎是对实证主义的补充和发展，"新考古学与实证主义是一致的。新考古学试图进行归纳，它采用假设—验证模式，它的整体设计就如孔德所说，是引领考古学沿着一条与自然科学相似的发展之路成为一门成熟的、严谨的、自我批评的学科"。用宾福德的话来说:"我的目的是研究现代环境中的静态和动态之间的关系。如果了解了大量的细节,它会给我们提供一块罗塞塔石:将发现于考古遗址的静态的石器'翻译'成留在那儿的人们的生机勃勃的生活。"其动静关系亦可理解为材料是直观的,而中程理论则需论述。民族考古学、埋藏学和实验考古学是中程理论的三块基石。民族考古学指的是那些可以用于解释考古遗存的民族学材料;埋藏学指的是考古学材料及其出土层位、情景与联系;实验考古学则指各种实验室的技术分析与数据。这里我们可以看到中程理论的这三块基石事实上已经涵盖了我们上面所涉及的"二重""三重",以及以后可能出现的"N 重"。

人类学宏大理论与实证主义两种研究范式冲突的现象不仅出现在中国,其实西方岩画界也存在着同样的问题,在一些理论的宏大叙事下,岩画研究同样也充斥着不着边际的空疏和主观臆测。岩画研究可以以我们中国学者较为熟悉的阿纳蒂和贝德纳里克二位学者为代表。阿纳蒂是20世纪上半叶法国史前学泰斗步日耶的学生,对结构主义大师雷诺埃·古尔汉极为仰慕,他继承了乃师那种阐释学传统和雕龙风格,其研究范式可以与我国的宋学传统相媲美,在岩画的释义方面做了非常深入的研究,他有关岩画的四种经济形态的区分方法及其带有强烈结构主义色彩的岩画语法理论对我国学者有着很大的影响,我们可以将阿纳蒂教授当作是西方的宋学传统。如果列举一个西方汉学传统的代表人物的话,这个人当然是澳大利亚的岩画学家贝德纳里克。与20世纪20年代的傅斯年一样,他也倡导用自然科学的标准来研究岩画,认为对岩画的主观随性解释是一种"诡辩",甚至要"审判诡辩"。21世纪初,国际岩画联合会与比利时Brepols(布雷波尔斯)出版社合作出版了由澳大利亚岩画学者贝德纳里克主编的一套丛书,已经出版的三本为《岩画与认识论:审判诡辩》《岩画科学:旧石器艺术的科学研究》《多语言岩画研究术语表》。这三本书首次在国际上对于岩画学科进行全方位的定义和规范。与阿纳蒂相反,贝德纳里克旗帜鲜明地反对对岩画的过度解释,而倡导"科学的岩画研究",

图 2　岩画研究的宏大理论之狩猎巫术。欧洲洞穴岩画中身上中箭的野牛（左）；欧洲旧石器时代晚期洞穴岩画中狩猎仪式的复原图（右）

强调研究中的"可验证性"和"证伪性"，要根据因果关系进行推理，主张法医式的研究范式，甚至提出使用"岩画科学"一词来代替"岩画艺术"一词。用他的话来说，采用"国际的研究标准、全球性的岩画术语、适于操作的学术规范与体系、科学的研究方法与手段"来建立岩画研究的规范。不过其规范的目的不是为了限制学者们的研究，而是要确立学科的内涵与外延，以便学者对特定对象进行专门的研究。我们研究范式的建立，也正是对学科内涵和外延进行确立的方式之一。

　　实证主义与以实物资料为研究对象的考古学之间有

着一种亲缘关系，作为考古学分支的岩画研究，同样也非常倚重和青睐实证主义，我们通过南非岩画的实例，来看看学者们是如何运用中程理论来进行实证主义研究的。南非的岩画研究近年来取得了令人瞩目的成就，其中最为著名的是路易斯·威廉对南非布须曼人岩画的研究。南非的布须曼人至今仍保持着在崖壁上制作岩画的传统，路易斯·威廉在深入调查和研究布须曼人的宗教、仪轨，包括萨满的作画仪式后，结合神经心理学的科学实验数据与结果，对布须曼人的岩画进行了全面深入的分析和研究。其研究成果在岩画界、考古界、人类学界、宗教学界、艺术研究领域以及神经学界，都引起了强烈的反响。路易斯·威廉的研究中有三个特点值得我们关注：

1. 材料的直接性，亦即民族考古学。由于布须曼人至今仍在岩壁上作画，所以通过对作画仪式和行为的系统调查，可以获得关于岩画制作的过程、技术、含义、象征、原因以及功能等方面最为直接的第一手材料。

2. 数据的科学性，即实验考古学。运用神经心理学的实验数据和结果，可以对如迷狂、通神等萨满巫师的仪轨和心理活动，及其作为物质形态的画面、图像等进行量化描述和科学解释。

3.理论的系统性。用中程理论将岩画（考古资料）和萨满教（高级理论）连接起来，将这些第一手材料和数据纳入一个完备和系统的理论中，也就是在萨满教的理论体系中进行阐述，在整个布须曼人文化和宗教的语境中加以研究，从而使岩画研究具有了更多的理论支撑和更为广泛的文化意义。

路易斯·威廉运用中程理论的实证研究不仅一洗19世纪末以来岩画研究中各种形而上阐释理论的空疏和不可证伪性，同时也避免了实证主义者之于岩画研究的无助与无奈。在这种研究范式下，路易斯·威廉不仅为布须曼人绘制出一幅鲜活的历史画卷，同时也将岩画研究提升到一个前所未有的崭新阶段，他被认为是解读布须曼人罗塞塔碑岩画的学者。

虽然很多人认为岩画是一门独立的学科，但毋庸置疑，岩画研究还严重依附于考古学、人类学、民族学、艺术史等学科，特别是在我国。所以考古学的发展实际上已经为中国岩画学的发展指明了方向，考古学已经从原来基于地层学和类型学的人文研究朝着多学科综合研究的方向发展。摆脱艺术，走出人文，在多学科结合的道路上朝着科学前行，这不仅是考古学研究发展的方向，同时也是岩画研究前行的方向。让我们为之努力，加油！

《左江花山岩画研究报告集》序

蜿蜒的左江及其支流明江犹如一条清澈灵动的碧玉,串联起沿江两岸山崖峭壁上赭红色的岩画,与岸边台地一起,共同构成了左江花山岩画文化景观。赭石绘千山,从此岩画载录骆越历史人物与事件;碧水绕两岸,自古左江勾勒岭南地理风情与景观。青山、绿水、台地、岩画,自然景观承载着壮族先民的文明,穿透岁月的变迁与沧桑,向世人讲述着悠久的历史。岩画创作于何时?是谁创作的?为什么创作?画在这高高悬崖之上的又是为什么?古人通过这些究竟要告诉我们什么?……这些问题纷繁杂芜,扑朔迷离,困惑世人数千年。

中华人民共和国成立以来,党和政府对少数民族文化的保护、研究、传承予以高度重视,左江花山岩画相继被各级人民政府公布为全国重点、自治区级文物保护单位,投入了大量的资金和人力,为岩画的保护、研究奠定了坚实的基础,提供了有力的保障。自 20 世纪 50 年代始,广西壮族自治区人民政府及有关科研机构,多次组织各个领域的专家、学者对左江花山岩画深入调查、开展研究,百花齐放,百家争鸣,一批有见地的论文和专著相继发表、出版;经过几代学者孜孜不倦的思考和探索,岩画研究取得了一系列丰硕的成果。

学海无涯,探索永无止境,左江花山岩画依然存在一些悬而未解之谜,需要我们进行更深入的研究和讨论。如今,左江花山岩画已经走出了左江,走出了广西,走向了世界,吸引了全国和世界的目光。2006 年、2012 年广西左江花山岩画两次列入中国世界文化遗产预备名单,为左江花山岩画走向世界岩画的舞台创造了条件,也对左江花山岩画的研究提出了更高的要求。2013 年起,广西壮族自治区文化厅组织了多所高校和科研机构开展了 20 项课题研究,展开了对左江花山岩画文化景观的全面探索。围绕左江花山岩画文化景观的核心要素,从岩画的保存状况,地质情况,历史年代,社会环境,文化内涵,独特性,传说故事,与相关文化遗迹、村寨、民族的关系，与国内外岩画对比，科技测年及数字采集等各个不同的角度切入，从更宽广的领域，以更广阔的视野，去审视花山、研究花山、解读花山，揭示岩画的秘密。截至2014年，已有9项课题通过验收，7项课题结题，其余4项课题仍在研究中。这些课题把左江花山岩画的研究和保护推向了更广阔的空间、更深的层次和更高的境界，同时也为左江花山岩画申报世界文化遗产提供了新的研究成果。

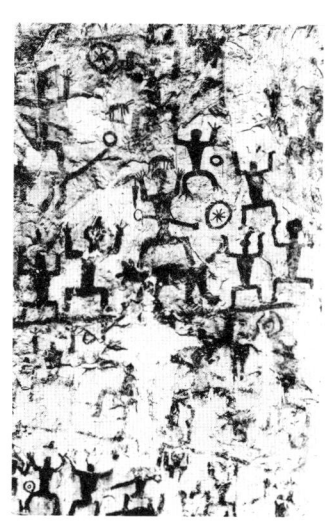

图1　花山岩画

"求木之长者，必固其根本；欲流之远者，必浚其泉源。"习近平总书记指出"一个民族的历史是一个民族安身立命的基础"，左江花山岩画植根于中华文化沃土，是壮族先民历史的真实记录。不忘本来才能开辟未来，善于继承才能更好创新。今天，我们研究花山岩画，了解先民的历史，追溯民族文化之根，领略民族文化之魂，探索其中深厚的文化底蕴，取优秀精华，传承伟大的民族精神，实现优秀文化传统的"创造性转化、创新性发展"，才能使花山岩画文化的优秀传统迸发生机、绵延承绪，具有永不衰竭的生命力。

此次编辑出版的《左江花山岩画研究报告集》，汇集了学者们部分的研究成果，是左江花山岩画研究史上第一部研究报告文集，既总结了前人的研究成果，也提出了新的见解，更深入到以往所未涉及的领域，为左江花山岩画的研究展示了一片新的天地。报告集显示了团队的力量和学者的智慧，既回答和解决了分布、制作、风格、年代、族属等一些基本问题，同时又提出了阐释、比较、意义、保护等方面的新问题。

《左江花山岩画研究报告集》的出版，是左江花山岩画研究阶段性的总结，也是继承、弘扬中华优秀传统文化的可喜之事。祝贺之余，更有寄托，愿花山岩画的研究更上一层楼。

是为序。

岩画考古：花山岩画研究的新进展
——《左江花山岩画与相关考古遗存的关联性研究》序

杨清平先生的大作《左江花山岩画与相关考古遗存的关联性研究》是一本岩画著作，更是一本考古著作。准确地说，这是一本岩画考古著作。21世纪以来三大考古学杂志刊载的关于岩画的文章日益减少，以致近十年来关于岩画的文章几乎绝迹。艺术刊物也很少发关于岩画的文章，因为在艺术界，岩画被认为是考古界的门类。就这样，岩画成了爹不疼娘不爱的苦孩子。

但在澳洲或欧洲，岩画却有着与考古分庭抗礼的地位：在澳大利亚，四所大学拥有四年本科的岩画专业；在英、法、西班牙等国就不用说了，岩画直接就是考古的一个门类，就叫"岩画考古"。20世纪上半叶，法国就已通过洞穴遗址的发掘来研究洞穴岩画了。法国著名的岩画学家安德烈·雷洛伊·古尔汉同时也是"一位田野考古学家,是水平发掘以及将发现的物品纳入详细规划的理论家"。他认为在马格德林时期,人类群体之间的交流进入到全新的扩张阶段,风格和主题的标准化倾向显示了史前艺术逐渐从洞穴扩展到小型的装饰物品上,从而将遗址与岩画联系在一起。

通过法国多尔多涅省比利牛斯山脉以及西欧南部的坎特布里安山脉的主要岩画遗址,可以清楚地看到这种联系,看到洞穴岩画与马格德林文化之间强烈的同质性。以

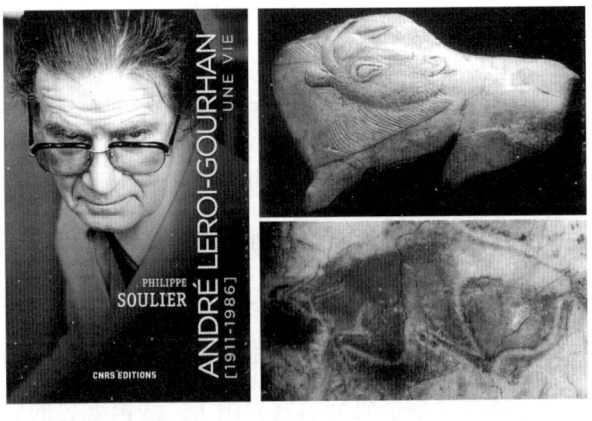

图1 法国著名的岩画学家安德烈·雷洛伊·古尔汉(左);驯鹿鹿角上雕刻的野牛与阿济岭岩洞岩画中的野牛(右上、右下)

野牛转动头部这一特征为例：数只被雕刻在比利牛斯山脉的拉巴斯蒂德和阿济岭岩洞的石板上；一只被雕刻在佩里戈尔的玛德莱娜岩棚的驯鹿鹿角上。该主题同时也出现在阿尔塔米拉洞穴窟顶上，而且是施彩色涂料绘制的。

1998年剑桥大学出版社出版了一本书，名字就叫《岩画考古》。无论对岩画学还是对考古学而言，两者结合在一起就标志着一种学科发展的进度，就如同动物考古、植物考古、水下考古等学科一样。《文物》2013年第3期刊载了任萌和王建新的《岩画研究的考古学方法》一文，倡导以考古地层学和类型学的方法来研究岩画，后来王建新又提出遗址、墓葬、岩画"三位一体"的理论体系，从而把岩画列入考古学的研究范畴之内，所以《左江花山岩画与相关考古遗存的关联性研究》无论对岩画还是对考古来说，都是一种有深度的研究。

"岩画"一词在汉语中既可以视作艺术（岩画艺术），又可以看作科学（岩画科学），因为汉语"岩画"是一个中性词。不过英语中的"rock art"（岩画）却不然，澳大利亚岩画学家贝德纳里克的《岩画科学》出版后，立刻引

图 2 2014 年笔者参加在本地治里召开的印度岩画学会第 19 届大会

发质疑：岩画到底是艺术还是科学？2014 年印度岩画学会第 19 届大会在印度的本地治里召开，其主题就是"Rock Art：Art or Science？"（岩画：艺术还是科学？）在这个主题后面隐藏的是另外的一系列问题，例如：如何认定岩画是一门科学？其学科的理论与方法论又是什么？等等。

就整个世界范围来讲，20 世纪 60 年代以前，特别是二战以前，人文研究所奉行的科学方法即指实证的方法。过程考古学兴起之后，实证主义受到挑战，甚至被认为在很多情况下这种研究方法并不客观和不真实，特别是涉及统计学范畴的概率问题时,既不实也无证,于是后实证主义便应运而生。后实证主义的关键立场之一是承认解释性的假说(例如,关于岩画艺术的起源和意义)与物理性的假说(例如,关于宇宙的性质)实际上是同样能够进行科学评估的。不过有一个先决的条件,即所有解释或假说所需要的必须在"科学"的范畴内。换句话说,所谓科学的假说对现实世界的主张是可以被验证的,譬如地球是圆的;而非科学的假说是无法被验证的,譬如好人上天堂,坏人下地狱。此外还有最重要的一条,鉴于所有的验证都不可能是最终的,所以假说也应该不是绝对和唯一的,而是有竞争性的。如果是这样,关于岩画解释性的假说就可以和化学家提出的假说一样科学。

然而,即便是科学的假说,有时其界限仍是模糊的。所以岩画学者们又提出了信息法和形式法两种解释方法。所谓信息法是指那些基于使用民族学或民族志证据的方法。他们使用了一个主位视角,或内部信息来解释岩画。相比之下,形式法在分析中通常使用定量或位置数据,或某种生物模型。它们是客位视角,或局外人的解释,因此，它们往往更涉及隐含的社会功能，而不是象征意义。在实践中，许多岩画艺术研究结合了这两种方法的元素，并用科学方法来评估各种不同的解释。

不过使用美国岩画学家怀特利的概念可能更便于理解，即民族学方法、图像学方法以及类比方法。民族学方法与塔松的信息法相同，图像学方法则与形式法一样，即通过对整体画面风格技法的一致性、内容的连贯性和图像的逻辑性的分析来进行。最后一条类比法则来自考古学，也是岩画研究中最为重要的方法，特别是在使用类比方法时一定要注意形式类似、同源类似以及功能性类似之间的区别，因为同源类似才有比较的意义，才能说明文化上的传播与影响。这方面最典型的例子就是南非路易斯·威廉对南非布须曼人岩画运用桑人民族学材料的解释研究。形式类似的比较则需具体问题具体分析。功能性的相似则遵循均变原则，就像其他任何科学"定律"一样，是以客观环境作为依据的，仍以路易斯·威廉为例，即以其神经心理学为典型。

有了这样一个国际岩画研究的大致背景作为参照，

我们再来读《左江花山岩画与相关考古遗存的关联性研究》一书时，便有了一个参照系。

该书全面系统阐述了左江花山岩画与相关考古遗存之间的关联。首先在具体文化元素上，岩画中的许多图像在考古遗存中都可以找到实物，如铜鼓、羊角钮钟、铜铃、铜剑、

图 3　南非著名的岩画学家路易斯·威廉

环首刀、船、羽人、面具、狗、鸟等图像。不过这并不是该书的首创，因为这项工作早就有人做过。没有人说明为什么要去做这样的类比研究，二者之间有什么相似的性质。杨清平的研究就是在前人类比研究的基础上再往前走一步，找出二者之间的同源和结构关系。该书从文化习俗、人群分布、文化内涵、考古学的独特性等方面来入手，发现左江花山岩画与左江流域其他早期考古遗存都是同一族群即骆越及其先民所创造的。左江花山岩画所反映的祭祀场景是当地早期原始宗教观念和祭祀

传统的延续和发展。同时，岩画与考古发现的同期其他祭祀内容共同组成了骆越民族丰富的精神世界和原始宗教观念。左江花山岩画所反映的祭祀内容在祭祀的传统、祭祀的形式、祭祀的对象、祭祀的目的等方面与广西骆越分布区域内早期考古学材料所反映的祭祀内容基本一致；左江花山岩画与左江流域的台地贝丘遗址、洞穴遗址、城址等不同类型的遗址或多或少存在一定的关联；左江花山岩画与同期考古材料一样，反映了当时社会复杂化趋势，即二者从不同侧面反映了当时相同的社会性质。

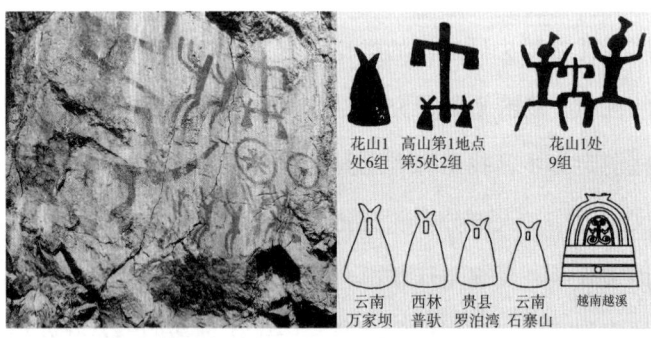

图4　岩画中的羊角钮钟（左）；岩画中的与考古发掘出土的羊角钮钟（示意图）对比（右）

蹲踞式人形图案的"发展演变轨迹是由再现（模拟）到表现（抽象化），由写实到符号化"。也就是说，花山岩画的分期是建立在"循着从写实向抽象化"（覃圣敏语）这样一种进化发展的路径来进行的。虽然这样一个根据图像所进行的分期符合我们上面所提及的画面风格技法的一致性、内容的连贯性和图像的逻辑性的原则，但这样一个纯粹根据进化论所进行的分期是否符合历史的真实，即假说的科学性，则是需要验证的。杨清平验之于史实，认为"岩画从西汉中期开始衰弱的事实，正好与庭城遗址反映的汉代早期左江流域纳入汉王朝管理和汉文化深入影响这一区域的事实相吻合。一进一退，二者共同反映了在汉文化影响下，当地土著文化逐渐衰弱的事实"。风格的写实与抽象，反映的是岩画的盛衰，同时也折射出骆越文化在汉文化的影响下由盛而衰的转变。

《左江花山岩画与相关考古遗存的关联性研究》很好地运用了塔松的形式法或怀特利的图像学分析法，尤其是在花山岩画的分期断代上。覃圣敏、覃彩銮、卢敏飞、喻如玉等花山岩画的前辈学者将左江花山岩画分为四期，或

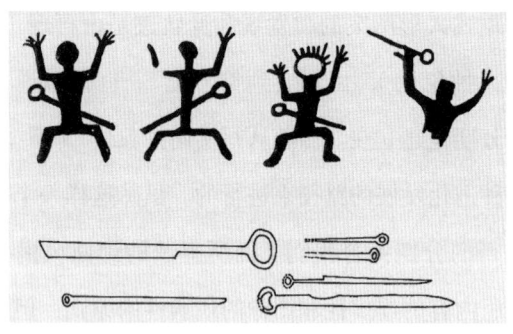

图 5 岩画中的"环首刀"(上)与考古发掘出土的环首刀线图(下)对比

四个阶段:"第一期为春秋至战国初期,第二期为战国中期至西汉早期,第三期为西汉中期至西汉晚期,第四期为东汉时期。"第一期较为写实,人物形象圆头细颈正面描绘,第二期是头颈不分的粗方形,第三到第四期就越来越抽象,最终是细线绘制的高度简化的人形。

至于民族学或信息法的运用,该书也作为基本方法之一。这种方法运用的关键在于关联性,路易斯·威廉之所以运用布须曼人的民族学材料来解释布须曼人岩画的成功秘诀,就在于二者的关联性。那么利用民族学材料来解释花山岩画的关键,就在于二者之间的关联性。花山岩

图6　建立在由具象到抽象这种定向发展理论基础之上的花山岩画分期图

画的主题图案是蹲踞式人形，对于这一文化象征本书援引了很多民族志或民族学资料予以解释和假说。宋代《太平御览》中提到"俚獠贵铜鼓，鼓唯高大为贵，面阔丈余，方以为奇……有是鼓者极为豪强"，以及《明史》中的"鼓声宏者为上，可易千牛，次者七八百，得鼓二三，便可僭号称王"等文献，都有助于我们对岩画的解读。清代邓显鹤《铜鼓歌》云："僚伶仡僮畏都老，获鼓胜获十万军。"这可以说是直接关于古代骆越人的民族志材料，铜鼓及其纹饰、壮族的蚂拐舞及端公等民间宗教元素，可以说是现代民族学材料。该书利用历史上的骆越民族志材料

图 7　壮族的蚂拐舞

和现代壮族的民族学材料编织成一张网，用以捕捉岩画的文化象征意义和社会意义。

比之国外的民族学或信息法，也就是中程理论，我们国家还多了一种文献法，或称二重证据法，无论之于考古学还是岩画学，这都可以算是我国学术的特色。关于这种蹲踞式人形，我国古代文献中不乏各种记载。《诗·小雅·伐木》"坎坎鼓我，蹲蹲舞我"的诗句，似乎就是针对花山蹲踞式人形和铜鼓画面的解说词；白居易《郡中春宴因赠诸客》诗中的"蛮鼓声坎坎，巴女舞蹲蹲"，直到明代唐寅的《招辞》"坎坎兮伐檀，蹲蹲兮舞盘"，不仅是对《诗经》古风的传承，应该也是对骆越人这种蹲踞舞蹈和铜鼓的观察记录。古代汉语文献对蹲踞式舞蹈的记载，要么属于主位信息类的民族志资料类比，要么则属于客位功能性类比。结合南美公元前800年前哥伦比亚时期奥尔梅克风格的蹲踞式人形，这种功能性的类似就更有说服力了。

奥尔梅克风格的蹲踞式人形被认为是一种象征着萨满入迷时意识转变的姿态，换句话说，蹲踞式人形是一种通神的姿势，是一种与上天沟通的姿态。如是，这种类比便具有了客位功能性的相似。

所谓学术研究往往是扭秧歌式的迂曲前行，解决了一个问题，却又带出一堆问题。小到命名问题，譬如，花山岩画主题形象该称"蹲踞式人形"还是"蹲式人形"？如果岩画改称"蹲式人形"，"蹲踞式墓葬"是否也该改称"蹲式墓葬"？"蹲踞式起跑"是否改成"蹲式起跑"？问题在于考古学家和体育界是否同意？大到理论问题，虽然从图像学的角度，或进化论（具象到抽象）的观点来看，四期说或四段分期自圆其说、自洽自足，但假说的合理性并不等于真实性，这种定向发展是否为进化论？这种发展逻辑是否是历史的真实？由此而归结为汉文化影响所致,其关联性与真实性究竟几何?等等。也许这将是下一个研究课题,也正是花山岩画研究需要更为深入的地方。

《大兴安岭岩画与环太平洋岩画带研究》序

"棒打狍子瓢舀鱼,野鸡飞到饭锅里。"这是我上小学时课本《可爱的草塘》里的一句话,是黑龙江籍作家刘国林描写他家乡的一句俚语,形象而概括地道出大兴安岭物产的特点。大兴安岭不仅是地理上的分野,也是文化上的地标。万千表里,决定了大兴安岭自然风貌的壮观与丰饶;文化绵邈,大兴安岭的细石器、陶器和岩画等考古学遗物所代表的农耕、渔猎和采集经济等众多文化,反映出大兴安岭文化的多样性和历史之悠久。

自20世纪70年代中期以来,大兴安岭已经发现近60处岩画地点,单体岩画达4000余幅。这是一种极富特点的新的岩画类型。之所以称"新",不仅仅体现在岩画自身的特点上,即独具特点的红色颜料绘画与森林地带的分布特征,亦即如此技法特殊、风格独具、内容别样的大规模岩绘画群,而且还有森林岩画代表着的狩猎—采集这种现代采集者的生活方式、经济形态,及其宗教形式。正是在这个意义上,我们将大兴安岭的岩画视作一种全新意义上的岩画发现。

大兴安岭岩画被发现之后,有些学者称之为"森林岩画"。当然,称"森林岩画"不能说错误,但这个概念让人感到些许疑惑或不确定。草原岩画的经济形态为游牧,这一点确定不疑,但"森林岩画"这一称呼中所指称的经济形态是不是渔猎文化,至少学术界尚未达成共识。所以该书认为:"通过俄罗斯学者的分析,与俄罗斯阿穆尔河(黑龙江)上游左岸岩画内容、风格近似的大兴安岭岩画,或许应为北方森林狩猎岩画系统更为合适。""森林狩猎岩画",这是对大兴安岭岩画的精确定性,这个定性是对大兴安岭岩画时空框架的设定和学术认知。正是有了这种设定与认知,学术研究才能深入开展。其实仅认为大兴安岭岩画是狩猎—采集者的艺术作品也还是不够的,最初发现大兴安岭岩画的赵振才就说:"大兴安岭岩画当是古代室韦人的某些部落以及后来鄂温克族的某些狩猎人和牧鹿人的艺术杰作。"但这更多是一种猜测或推理,而历史问题往往需要证据才能解决，要从学术的角度向我们解答为什么是现代采集者的作品，这也正是庄鸿雁《大兴安岭岩画与环太平洋岩画带研究》一书给我们带来的答案。

所谓狩猎人群就是以采集和狩猎为生的食物搜寻者。阿纳蒂教授曾经将欧洲旧石器时代洞穴岩画称作早期猎人艺术，而将中石器时代以后特别是与细石器遗址相关的一些岩画称作晚期猎人艺术。不过按照目前学术界的术语，有人将其称作"现代食物搜寻者"。需要注意的是，这里的"现代"一词指的是现代智人。

狩猎—采集是几十万年前的旧石器时代便已出现的经济形态，而旧石器时代晚期出现的现代食物搜寻者与其前辈的区别是其以移动为主。狩猎—采集是人类社会最早的经济形态，不过旧石器时代晚期的大多数狩猎—采集经济已经转变为农业、牧业或消亡，只有极少数的持续到今天，而大兴安岭的现代食物搜寻者便是其中之一。考古学材料显示，以狩猎—采集为特征的食物搜寻方式在大兴安岭森林地区从4万—5万年前的旧石器时代晚期便已开始，直到20世纪,食物搜寻和狩猎依然是大兴安岭人的生活方式和经济形态。不过问题似乎没这么容易回答:文化的演变并非简单的一加一等于二;历史的进程也不是单纯的推理演绎。今天大兴安岭森林地区的现代食物搜寻者是否就是几万年前旧石器时代晚期的狩猎—采集者?这个问题需要考古学证据来回答。

首先,几万年以来的考古学材料表明大兴安岭地区从最早的漠河老沟河遗址、塔河十八站遗址、哈克遗址、扎赉诺尔人与扎赉诺尔遗址、呼中北山洞遗址,以及历史上的东胡人、鲜卑人、突厥人、回纥人、契丹人、女真人以及蒙古人等,显示出一致的渔猎采集的经济形态。正如考古学家赵宾福所说的:"位于呼伦贝尔草原以西的俄罗斯外贝加尔和贝加尔湖沿岸地区,是一个典型的以使用石镞、骨鱼镖、骨鱼钩和尖圆底罐为特色的渔猎型新石器文化区。"其次,现代分子生物学也证实这一点:学者对嫩江流域吉林大安后套木嘎遗址中石器时代至铁器时代104例样本中成功获取的20个样本的全基因组测序后认定:"嫩江流域自距今11000年以来人群遗传结构表现出高度的区域连续性，没有经历外来基因的流入及人群的替换。"在这样一个考古学的强大证据之下，作者关于大兴安岭岩画的推论才能具有科学意义上的学术价值："在文化上，这些信奉古老的原始宗教——萨满教的族群，在精神信仰上也保持着连续性，直到近代。因而，在萨满文化视域下，这些东北古代民族文化以及近现代鄂伦春、鄂温克等民族文化都能在大兴安岭岩画中找到其文化的符号和原型。"

岩画作者的身份确定以后，第二件事就是年代问题，这同样很棘手。既然大兴安岭的渔猎采集者起源于4万多年前的旧石器时代晚期，那么作为渔猎采集者艺术作品的岩画也很有可能是旧石器时代晚期的文化遗迹；或者说既然以渔猎采集为经济形态的现代食物搜寻者延续到了20世纪，那么岩画的时代也很可能非常晚。换句话说，尽管最近大兴安岭岩画经铀系测年有春秋、魏晋等时代，但这也应该只是大兴安岭彩绘岩画的部分年代。大兴安岭地区既然有着如此悠久和绵延的狩猎—采集文化传统，其岩画也定然存在了很长的时间，需要更多更科学的测年数据，该书的作者充分地认识到了这一点，所以在岩画年代的认识方面，尽可能地保持一种科学的保守而又开放的态度："大兴安岭岩画不是孤立存在，它是大兴安岭历史文化有机组成部分，它承载着大兴安岭先民的集体记忆，根据岩画的叠压关系，大兴安岭岩画不是同一时期同一族群的作品，它可能是生活在大兴安岭地区的有着共同的萨满教信仰的不同族群在不同时间段的作品，其时间延续很长。对大兴安岭岩画进行确切的断代和族属的认定，还需要借助科技考古成果以及更有效、更科学的断代方法。"

在我国目前的岩画研究中，用萨满教理论来研究岩画已经蔚然成风；但系统使用萨满教理论来研究大兴安岭岩画者，《大兴安岭岩画与环太平洋岩画带研究》一书为首例。而且无论从地域、族群、文化、传统、历史各方面来看，大兴安岭岩画最适合使用萨满教来解释，因为从某个层面来看，岩画与萨满教就是一块硬币的两面，岩画就是萨满教文化的产品，是萨满教观念的图像化表达。该书专门辟出"萨满文化视域下的大兴安岭岩画与中国北方民族文化渊源"一章来讨论萨满教和岩画的关系，譬如在世界树—宇宙树—氏族树—社树的诠释方面，使用考古、神话、民俗以及文献等各种材料在萨满教视域内对岩画图像多方位多层次加以解读。有了一个完整的理论体系，各项论证和诠释方面便融会贯通，更具说服力。在岩画诠释方面虽然方法论上是客位，但视角上已经是本位研究了。

《大兴安岭岩画与环太平洋岩画带研究》一书的着力之处还在于人面像和环太平洋岩画带等方面的分析与讨论，我相信读者会品鉴出其中的奥妙和得失，此处我就不多说了。大兴安岭彩绘岩画时日久远，长期暴露在外遭受风吹雨淋，大多图像都已漫漶不清，殊难辨识。如何通过现代科技手段，对岩画图像做一些清晰复原与辨识，并尽可能多地做一些直接断代，这是大兴安岭彩绘岩画更为深入研究的基本保障，是所望也！

书评文论

考古的延伸
——读蒙和平的《消失的三峡古镇》

久矣夫!我在重庆市万州区武陵镇进行了10年考古发掘,这是一座真正的江边古镇。从石阶路的宽窄可以判断出镇子的大小;同样,从石阶被磨蚀的程度可以想象镇子的古老与久远。不过如今你已经看不到这个古香古色的老镇子了,它已全部被淹没在水下。现在你站在江边无论如何也想象不到平静的水面下有一座城市。作为一名考古工作者,我来武陵是为了寻找和保护以往的文明,然而对于那些正被拆成一片狼藉的现代文明却熟视无睹或者说无可作为——多年以后的考古学家一定会觉得这非常可笑,连我自己也觉得很可笑,也很疑惑。2003年,当奉节古城被炸毁时,许多市民身着白孝以表达他们对这座古城的哀悼,哀悼他们失去的不仅是生活家园,更重要的是精神和情感家园。蒙和平的《消失的三峡古镇》可以说是

图1 一下船,你便可以看见从江边通往镇里的那条长长的石阶路

图2 从石阶路的宽窄可以判断出镇子的大小

对三峡地区被淹没的江边古镇的祭文,是对江城传统生存环境和生活方式的伤逝。

据统计,从重庆到宜昌全长648公里的长江三峡水库要淹没20个县(区、市),277个乡镇,1680个村,6301个村民小组;其中涉及的城(集)镇129个,这里面包括城市2座,县城11座,场镇89个,其他建制的集镇27个。这些城镇意味着什么?恩格斯老先生早就为我们定义过,城邦乃是文明的最主要象征之一。不过对于一般人来讲,"文明"这个词太过抽象,很不好理解。蒙和平则将文明还原成我们所熟悉的一把石斧、一条青石板路、一堵阶梯形的风火墙、一口盐井、一双刺绣鞋垫、一盆

图3 从石阶被磨蚀的程度可以想象镇子的古老与久远

辣子鱼、一首竹枝词、一幅村民在天井内的竹椅上悠闲摇着蒲扇纳凉的图画、一群挑担背筐的男人和女人——文明是可以群、可以观、可以兴、可以怨的鲜活人生。

《消失的三峡古镇》讲述了关于三峡两岸十几个古镇的故事。蒙和平说她是一个独行侠,只身一人徒步考察三峡古镇,其目的就是为了与这些古镇告别,否则将会是她永远的伤痛。倾入如此之情感,其文字无疑像生命般动人。

蒙和平也恰巧描写到武陵镇："我站在寒风寒水的江边，天低云暗，四野无人，江水的哗哗声充斥着一片寂静的环境。凄厉江风浸透骨髓，伤感则充斥着我的内心……那么一个有名的古镇，只剩遍地的砖头瓦砾了。它什么时候灰飞烟灭了呢？我孤独寂寞地站在那里，望着那一片曾经繁华热闹、历史悠久的武陵镇，已经空空如也，抑制不住地失落与伤感。"她对这些千百年来形成的古镇有着如此真挚的情感，令我们这些从事考古专业的人顿时相形见绌。至少作为从事考古工作的我，在三峡文物保护中缺乏一份来自心灵的真情。这种心灵的真情并不是浮光掠影式的考察就能获得的，而是源自生于斯、长于斯的故乡情愫。蒙和平是地道的重庆人，她在峡江地区下过乡，在长江上当过水手。这些阅历可以从通篇的人文情怀中读出来，作者之于古镇的情感与关怀表现在整篇字里行间，表现在每一细节之中。

即使是对某些考古现象做客观分析时，亦可感受到作者一以贯之的家乡情怀："在巴渝地区，人们说盐，都是说盐巴。何以谓之巴？巴是方言，指饼状食物。诸如新麦出来了，可以做成'麦巴'，还有'米巴''苞谷巴'等。圜底罐里最后烧成的结晶盐,在底部形成圆形块状,那当然就是盐巴了。圜底罐在极有特色的巴渝方言里,创造了盐巴这个词汇。"这似乎有些语言考古学的味道!这种古是我们这些不谙当地方言与风俗的外来人所不能考的。

在一些应该是非常客观的景物环境白描中同样也能感受到作者来自血缘的人文关怀:"洋渡镇的清净,是我内心深处颇为欣赏的,是一种想象中的世外桃源。高低不平的青石板街和街两旁黑红木屋,把人带回悠远的历史中去。我信马由缰地漫步街头,独自一人享受和阅读它满镇无声无息,只是默默地任你解读……一间连一间的房屋断了线,一个大缺口。走拢一看,原来里面是个大院落。院落中间很大一块地坝,四周还是那种黑红的老房子。不过,这些老木房全是两层,而且每栋屋的楼上都有走廊,看上去,那些齐腰深的木走廊好像连在一起,拉通了的。这些房屋基本上围成一个圆圈,它们都向着一个方向——一座戏台。"这种静谧突然热闹起来,顿时有了声音,有了色彩,有了影像,也有了历史。在古镇的寂静中阅读出千年生机,这是另一番考古。

在这一点上，我愿意把蒙和平的《消失的三峡古镇》看作一部普及与通俗化的考古学读物，使考古得到一种新的阅读和理解方式；或者说用一种新的方式去阅读和理解考古。蒙和平在书中有一段话，或许更能明晰地表达这层意思：当她要去洋渡镇时，"考古队的人不解，说：那里没有考古工地。他们不知道我是去考自己心中的古"。

2003年，大坝二期水位涨到135米之后，我眼望着三峡完全变了模样，不禁怅有所失。老三峡已经不复存在了，它只留驻在于我们每个人的心中，它是一种精神文化的博物馆。每个人心中的三峡都应该是三峡的一部分，应该将其陈列在老三峡这个精神文化的博物馆里，后人们再来翻检以前的三峡时，尽管是刍荛之微，但至少从陈列品的角度上，每个人心中的三峡应与郦道元的"三峡"和唐代《竹枝词》中的"三峡"都有着同样的资料价值。弗洛伊德在他的客厅里一直摆放着一只古希腊的长颈瓶，这是一个象征，他说他是一个人类心灵的考古学家，挖掘的是人类的内心世界。我在三峡已经发掘了许多古代的物质文化遗物，但我更希望像弗洛伊德一样，发掘这个地区的精神文化遗产，更想建立起一个三峡精神文化博物馆。因为三峡人文精神之于中国文化，正如同希腊神话精神之于欧洲文化；三峡诗词之于中国文学，就如同希腊神话之于欧洲文学。

三峡文物保护这样一个跨世纪的巨大工程，定然会有很多专业方面的著作和文章问世，不过学者们这些卷帙浩繁的三峡考古专著对于普通老百姓的影响力恐怕抵不上林俊杰的一首温柔的《江南》；其发行量也很难超过有8000册之多的《消失的三峡古镇》。所以考古通俗化也是我们考古人的一项任务。一方面，学问须越来越专精；另一方面，还须推广考古，因为我们的任务就是解释过去，就是让普通人懂得过去。考古学的科学性在其材料的真实性和完整性，因此传统考古学要求考古学家要像机器一样精准与客观，完全排除主观与自我。正是因为丧失了"自我"，考古学离"人"越来越远。"我思故我在"，在这里把笛卡尔的话理解成一种治学态度可能更合适。多一些自我不会影响考古学的科学性，反倒会拉近过去与现在的距离，拉近科学或学科与人的距离，会更有利于考古的普及与通俗化。

我手里正在撰写两部关于三峡地区考古发掘的学术专著，若按重量计算的话，两部书当在4斤以上，真可谓"掷地有声"。但是我从未奢望通读它们的读者在全国范围内超出50人——如同我以前的学术著作一样。如果我的这种认知无意中伤害了某些考古同行们的感情的话，请原谅，我们应该有正视这一现状的勇气；同时我们还应该想开一点，也许其他如地质、机械等学科的专业书籍可能连30名读者都达不到。据说霍金的《时间简史》和列维·斯特劳斯的《图腾制度》的销售量逾百万册，什么时候我们的考古书籍——无论任何一本的销售量若能在百万册以上的话，那便是我们所期待的考古学的黄金时代。

我希望有更多像《消失的三峡古镇》这样的著作来填补社会与考古学之间的沟壑，以开创考古的黄金时代。

条析与整合

——读水涛的《中国西北地区青铜时代考古论集》

毋庸讳言，西北边疆地区考古一直未能受到学术界足够的重视，其学术地位也不言而喻地被认为在中原考古之下——尽管从来没有谁这么直白地说过。这直接导致了西北地区考古研究的落后状态：新疆地区和甘青宁地区许多考古文化的内涵、时代、分期、特征、分布范围等都是模糊不清的，遑论其文化间相互影响和源流关系。

由于西北地区在东西文化交流中所处的地理位置，该地区考古文化最终仍会被加以重视。对我国学术界而言，现在似乎是这个时候了：2001年科学出版社出版了水涛先生的《中国西北地区青铜时代考古论集》(以下简称《论集》)，该著作除了它自身的考古学价值外，在我国"西部大开发"这样一个背景和环境下出版，便显得更加意义非凡了。《论集》是作者近20年研究西北地区考古文化的论文合集，该集共分两大部分：新疆地区和甘青地区。

一

新疆地区由于地理环境的复杂性，加之所处的东西文化交流的中心位置以及游牧民族的迁徙性等，其考古文化在内涵与面貌上也呈现多种多样，尤其是青铜文化更是如此。《论集》将新疆地区的青铜文化分成八个区域，这种区分不仅是地理环境上的划分，而且是考古文化上的区系划分。在这种区分基础上，作者对这八大区域的八种文化逐一进行讨论和分析。对新疆地区这种纷繁复杂的青铜文化进行讨论分析的难点和关键之处并不在于对某一文化本身的内部结构或类型学的分析，而在于对诸区域间或文化间渊源及其相互影响的研究，这也是考古学区系类型研究的关键之处。水涛在对新疆的八种区域文化和周边地区的考古文化进行全面和系统的总结、归纳和比较之后，对其间的影响和渊源关系再进一步进行分析研究，这便是《论集》新疆部分的着力之处。

指出和强调新疆青铜文化中东来文化因素或影响，

乃是我国考古界的一贯作风，这也合乎我国考古界包含的民族感情，然而要对新疆文化中的北来和西来文化因素进行深入研究，除了要求更为广博的知识结构和更为宽泛的学术眼界外，更需要一种实事求是的科学态度和学术批判的勇气，正如水涛所云"由于50年代以来对文化西来说等观点的全面批判而形成的另一种偏差倾向，使人们在讨论边界相邻地区的古代文化发生、发展过程问题时，很少能客观的说明各种文化交流存在的可能，这使我们的讨论往往陷入一些人为的封闭圈内"（《论集》）。事实上作为位于东西交通孔道上的新疆地区考古文化来说，来自南西伯利亚、中亚，甚至西亚的文化影响是不言而喻的。不仅是新疆北部的阿勒泰地区或新疆西部的帕米尔地区和新疆南部的塔里木盆地山前地带的青铜文化深受苏联的安德罗诺沃文化、卡拉苏克文化，以及费尔干纳盆地楚斯特文化的影响，即便是新疆东部的吐鲁番盆地、哈密等传统上被认为受东来文化影响的地区，其考古文化中也不乏中亚甚至西亚的文化因素。例如鄯善洋海遗址和哈密焉不拉克遗址出土的用于墓葬建筑的土坯，便包含典型的西亚文化因素。这种泥制的晒干土坯最早发现于西亚安纳托利亚高原新石器时代早期遗址和巴勒斯坦耶利哥遗址下层。安纳托利亚发现的土坯为模制,而耶利哥出土的土坯则为手制,但是两者的共同之处在于造型均为如同法国一种面包一样的椭圆形[1]。这种椭圆形的土坯在向东传播过程中至少到了安诺文化时,已经变成扁平的长方形了[2]。同样是土坯,但决不可滥用材料,墓葬用土坯和建筑用土坯可能分属两种完全不同的文化传统。如果说新疆天山北麓青铜文化遗址发现的用于房屋建筑的土坯与费尔干纳盆地楚斯特文化遗址中的土坯相关的话,那么哈密地区焉不拉克等遗址出土的用于墓葬的土坯恐怕更多来自更加遥远的安诺文化中的墓葬土坯[3]。分属不同用途的土坯在青海地区的

---

[1] Henry Hodges 1970. *Technology in the Ancient World*, p.46, Allen Lane, the Penguin Press.
[2] A.P.Okladnikov 1959. *Ancient Population of Siberia and Its Cultures*, p.32. Cambridge, Massachusetts: The Peabody Museum.
[3] 中原地区最早于龙山文化城址中便发现了用土坯砌筑的房屋和城墙(参见河南文物研究所等:《河南淮阳平粮台龙山文化城址试掘简报》,《文物》1983年第3期),龙山文化的土坯源自何处,在中原文明起源研究方面是一个极富意义的课题。

传播有着清晰的不同时间，用于墓葬的土坯迟至魏晋时期最南传播到了青海草原地区，青海都兰吐蕃墓中便普遍使用这种土坯结构；而用于建筑的土坯则早在青铜时代如诺木洪文化便已开始使用。青海方言中管这种土坯叫"坨胡基"，由此可见其来源。至少在30年前的青海河湟地区这种土坯还普遍用于房屋建筑。《论集》显然意识到此间的区别，所以主张在新疆东部地区"应着重于对含有土坯结构建筑的发现及其年代问题的确定"。

土坯之外，类似的例子还包括彩陶中的蜥蜴纹、石制容器、青铜短管銎式斧、涂红人骨等。相似即相关，这是我们从事文化和考古类型学研究的基本原则，也是类型学得以产生的需求和前提。

不过我们知道，即便是单纯以考古学角度来考察各文化间的渊源关系和相互影响时，类型学的比较研究也仅仅是其中的一部分。因为在这种跨文化间的比较研究中往往会出现这样的情况，即生活用具如陶器相似，但生产工具如青铜器或石器等却大相径庭。依然以新疆东部地区青铜文化时期的器物和青海卡约文化的比较为例，二者在陶器上有很多相似之处，但铜器上二者却呈现出截然不同的风格：新疆东部常见的椭圆形管銎戈，绝不见于卡约文化遗址中；而卡约文化中具有代表性的多孔管銎钺和背上有兽的管銎斧则在整个新疆都没有出现过；二者的墓葬结构、葬俗等也存在着较大的差别。青海格尔木地区的哈萨克族人和蒙古族人在生产和生活用具以及居住毡帐等方面已经没有什么区别了，但两者分属不同的人种和民族，使用着不同的语言，信奉着不同的宗教。在青海的藏族游牧地区，同一个部落由于冬夏

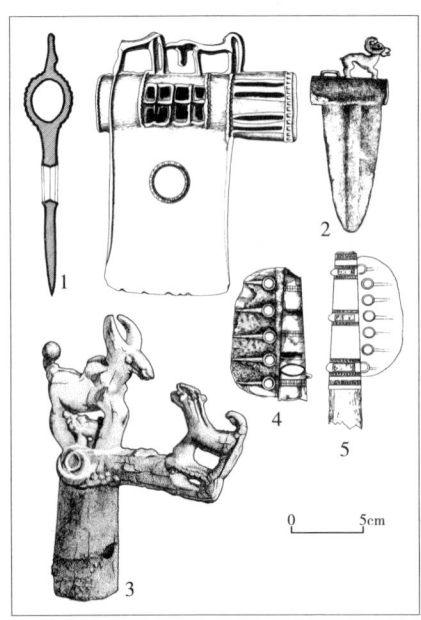

图1　卡约文化青铜器
1.立兽管銎钺（湟中出土）　2.立兽管銎戈（湟中出土）　3.立兽权杖（湟源出土）　4.多孔管銎钺（湟中出土）　5.多孔管銎钺（诺木洪出土）

牧场迁徙，而有着完全不同的生产和生活器具。正是由于考古文化的复杂性和多样性，这就要求我们必须从多角度、多层面，跨文化、跨学科来进行文化间的比较研究。

新疆部分中《论新疆地区发现的早期骑马民族文化遗存》一文显然是《新疆青铜时代诸文化的比较》一文的扩大、拓展和深入。看得出作者力图从另一个新的视点和角度来探讨新疆地区诸青铜文化间的影响和源流关系。马和马具是一个确凿无疑的中亚文化因素，通过对马和马具在新疆地区传播情况的考察，有助于对新疆考古文化中西来或北来文化因素的认同和印证。事实确乎如此，在对新疆地区早期骑马民族文化遗存进行系统梳理和深入分析之后，作者认为马匹、马具发现的地域、数量和时间完全证实了他对新疆地区的考古学区系类型分析：从公元前二世纪的下半叶到公元前一世纪，代表骑马民族文化的安德罗诺沃文化和斯基泰文化已经深入到新疆的西北部、西部，甚至更远的东方。而与甘青地区青铜时代文化有关的哈密地区如焉不拉克，其文化主体由于不是西来文化因素，所以早期骑马民族文化因素一直比较微弱。

自青铜时代初,中亚北部的畜牧部落开始兴起、发展和完善他们自己独立的游牧文化,迟至公元前一千纪初,或谓中亚铁器时代初期,这个由畜牧业到游牧或半游牧的变革过程宣告结束,欧亚草原上出现了真正意义上的游牧部族和游牧文化。正是这些逐水草而迁的游牧部族使世界变小变近了,使原来相互隔绝的地方文化变得大同了,以至人们觉得所有游牧文化都大同小异。不过作为一个考古学家,必须认识到支撑起这个"大同"文化下面众多的、没有亲疏之分的"小异"文化。从旧石器时代晚期开始,新疆地区与华北地区在考古学文化上便呈现出有诸多不同的面貌,而到了青铜时代,这种差异性便远远大于相似性。所以新疆的青铜时代考古文化中所呈现出与中原地区的相异和诸游牧文化中的相同,便成为新疆地区考古学文化研究的难点。《论集》认为"新疆地区的考古文化是一个多元的文化系统,即是一个多种文化并存的,多线演进的,和多元发生的文化体系"。这不仅是归纳和总结,而且是认识的开始或新的研究思路与方式;既是终点,又是起点。这要求我们必须摈弃偏见,更加务实和客观的科学态度会更有利于我们对新疆地区考古文化的总体把握和深入研究。

二

较之新疆,甘青地区青铜文化相对单纯一些,而且工作也做得早一些、多一些,其脉络、序列及其源流显得清晰得多。此外,水涛先生多年在甘肃工作,做起该地区的青铜文化研究更加轻车熟路。甘青部分共收录10篇文章,可以说代表了我国目前对甘青地区青铜文化研究的水平。甘青部分的贡献主要表现在三个方面:1.类型学的系统梳理、文化序列的建立;2.环境与科技考古;3.与西伯利亚、中亚乃至西亚考古文化的比较。

作为作者的博士论文,《甘青地区青铜时代的文化结构和经济形态研究》约20万字,不仅是《论集》中分量最重的一章,而且也是对目前我国甘青地区青铜文化研究最重要的贡献之一。该文对甘青地区青铜文化从考古区系类型学角度进行全面、综合和系统的梳理与研究。尽管甘青地区考古学研究开展得很早，而且研究得也比较充分，但仍有许多随着新发现和新材料而出现的新问题，特别是类型学的确认，分期和各文化间影响及其文化渊源等问题。就某个文化以及与周边文化的比较研究虽不在少数，但就甘青地区青铜文化进行综合研究的不多，水涛先生的研究可以说是集大成者。值得一提的是地层学对类型谱系研究的支持，如齐家文化的类型确定与分期就是建立在秦魏家、大何庄、乐都柳湾等遗址与墓葬的地层学基础之上，从而更具科学性。对考古类型学的分期研究，《论集》认为在没有地层资料支持时，宜简不宜繁，宜粗不宜细，我以为这是类型学方法论所应把握的原则之一，因为建立在所谓器物演变过程中的逻辑关系毕竟只是研究者的理解与假设。即便是苏秉琦先生，最后也认识到了这种"逻辑关系"所反映的并非器物发展的客观真实，应该予以摒弃："不能把器物形制的变化理解为如生物进化那样，存在什么自身演化发展的必然性或有什么量变到质变的规律等运用器物形态学进行分期断代，必须以地层叠压关系或打破关系为依据。"[1]《论集》把辛店文化分了三期七段,比之以前的七期十段或六期九段尽管依然不够简练,仍有五十步笑百步之嫌,但是作为这一原则指导下的产品,仍是值得提倡的,特别是在我国目前成为风气的脱离地层学的类型学研究或云类型学方法论已纯粹沦为一种理论假说,而与客观真实无关的状况下。[2]

水涛多年从事田野考古,又获名师亲炙,所以从理论到实践都有着广博的眼界和扎实的功底。对甘青地区每一个青铜文化进行系统的分期和类型学研究,建立起考古文化的序列和时空框架,对分散和多种多样的青铜文化进行整合,其意义不仅是针对本地区的考古文化,而且对于周边地区如西藏、新疆、内蒙古、宁夏、陕北等地的考古学研究,提供了一种参照坐标,对于诸如先周文化的讨论,也有着积极的促进意义。

《论集》在运用传统考古学的类型学等方法论的同时,也极为注重运用现代科技以及与环境考古学、体质人类

---

[1] 苏秉琦、殷玮璋:《地层学与器物形态学》,《文物》1982年第4期。
[2] 汤惠生:《类型学的类型》,待刊稿。

学、古气候学等多学科之间的交叉。《论集》中所收录的《论甘青地区青铜时代文化和经济形态转变与环境变化的关系》《中国史前时期与文明时代初期的环境变化与文化发展》以及《甘青地区早期文明兴衰的人地关系》三篇文章完全从古气候、地质地貌以及植被的变迁等方面来探讨甘青地区青铜文化的兴衰,从环境考古学的角度对中国史前文化发展中的不平衡性以及剧烈变化做出说明。正是由于环境的变化,在距今10000年前后人类纷纷从山前地带进入到河谷平原地区;距今8000年前后各地出现早期种植业和农业;距今4000年前后,北方畜牧文化普遍兴起,南方的新石器文化普遍衰落。尽管已有很多人用环境说来解释某个文化的变迁,但作为一个针对整个中国史前文化,特别是西北地区农业文化与牧业文化之间的变迁的系统理论,应该说,《论集》是颇有贡献的。

就某些具体的考古现象进行解释时,《论集》每每也有别出机杼的新论,且这种新意总是与其环境说的理论保持高度的一致性。如卡约墓葬中的乱骨葬、迁葬、二次葬、割肢等葬俗是非常引人注目的,以往总是从宗教角度来解释这些葬俗,但《论集》则认为这种葬俗反映的是剥夺死者财富或尸体的现象,或许可以解释为在灾荒年间经常出现的盗墓或食人风俗的客观存在。关于农业与畜牧业之间的转变问题,《论集》用大量的材料来说明环境气候方面的决定因素。根据环境而选择不同的经济形态,对周人来讲应该是记忆尤深。《论集》认为在周人的始祖后稷时代,周人已经发展了农业;然而到了后稷之子不窋时,周人却放弃了原有的农业,自窜于戎狄之间;公刘时,周人又一次回到农业经济。这些都是大自然所赐,环境的变化不断迫使周人在畜牧和农业之间选择。以此来解释关中西部的先周及其同时期的地方文化中既有商(农业)文化因素,又有羌戎(牧业)因素的复杂文化格局,这种解释不但合情合理,而且充满智慧和想象。他实际上是向用经济形态来区别文化这种传统的机械做法开刀。

同一文化由于地域的不同、季节的不同或时代的不同而导致经济形态方面有区别的例子很多,除了我们上面谈到的草原藏族的情况外,齐家文化也是一个例子。青海东部河湟地区的齐家文化与甘肃、宁夏等地的齐家文化相似，尽管在类型上有甲乙型之分，但在经济形态上都是一致的，都是以农业为主，猪骨在动物骨骸中占有很大比例等。不过在大通河流域，齐家文化却呈现完全不同的经济形态，以畜牧业为主，羊骨占较大比例，石器多为打制的细小石器，几乎不见磨制石器和细石器。[1]

大通河流域的齐家文化被称为"北川类型"，主要遗址包括西宁的沈那和大通的陶家寨。有趣的是北川类型出土了一些大型青铜器，这些青铜器显示出与其他地方齐家文化青铜器完全不同的风格。如沈那遗址出土过一件带倒刺的青铜矛，长度为61厘米；大通县博物馆藏品中有几件采集的齐家文化青铜器，其中有一件与此相同的矛，只是尺寸略小。在我们普遍通过陶器的演变在马厂类型、客省庄二期文化、常山下层（菜园文化）寻找齐家文化的起源时，这件带倒刺的矛却显示出与遥远的西伯利亚青铜文化的紧密联系。1987年，莫斯科科学出版社出版的《苏联

---

[1] 参见卜玉凤：《大通陶家寨齐家文化遗址发掘简报》，《青海文物》总第12期；吴平：《西宁沈那齐家遗址发掘简报》，未刊稿；汤惠生：《青海大通田家沟齐家文化遗址出土石器的研究》，《史前研究》，2002年卷。

考古学》集刊上登载巴捷德、克拉伊诺夫和卡萨列夫的合著文章《苏联森林地带的青铜器》，其中刊登了一件塞伊玛－图尔宾诺文化的带倒刺的矛[1]，其形制与沈那出土的带倒刺的矛有着惊人的相似性，只是塞伊玛－图尔宾诺矛显示出更多的原始性：矛身与管銎结合部的纹饰显然是模拟早期器身与骹的镶嵌特征。我国商代后期就发现过玉制矛身镶嵌在青铜骹上的矛。[2] 其他有着惊人相

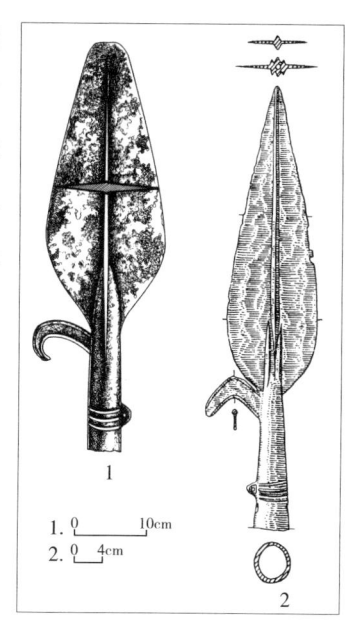

图2 带倒刺的管銎矛
1.青海沈那齐家文化遗址出土 2.北亚塞伊玛－图尔宾诺文化遗址出土

---

[1] О.Н.БАДЕР, Д.А.КРАЙНОВ, М.Ф.КОСАРЕВ, Эпоха бронзы лесной полосы СССР, АРХЕОЛОГИЯ СССР, ИЗДАТЕЛЬСТВО· "НАУКА"·МОСКВА 1987.
[2] 国家文物局主编：《中国文物精华大辞典·青铜卷》，67页，图版0240，上海辞书出版社，1995年。

似之处的还有很多,如鸮面罐等,只是我们这里不宜讨论。这里需要说明的是文化的发展、传播和影响是非常复杂的,有各种各样的原因和可能性,诚如赵元任先生所说的:"说有易,说无难。"做考古学研究,定律和原则以及条条框框越少越好,"斫去桂婆娑,人道是,清光更多"。

正是由于西北地区与中亚地区在考古文化上有着千丝万缕的联系,《论集》在两地间考古文化的比较方面,予以了特别的关注。《20世纪中国西部与中亚史前考古学的主要进展》一文言简意赅,文章不长,但不乏真知灼见。文化之间的传播与影响从来都是互动的,而不是单方面的,根据时空范围的不同,既有东传,也有西渐。新石器时代我国的彩陶,特别是甘青地区如新近发现的宗日文化彩陶,无疑存在着西亚或中亚彩陶文化的因素,但以仰韶文化为代表的中原文化也有西渐的趋势。[1]即便是青铜时代在中亚青铜文化由于骑马民族全盘东进的情况下,以农业为代表的中原青铜文化也在向中亚地区渗透:在外贝

---

[1] 严文明:《甘肃彩陶的源流》,《文物》1978年第10期;李水城:《半山与马厂彩陶研究》,202—204页,北京大学出版社,1998年。

加尔草原的很多遗址和墓葬中,都出土过商周时期的鬲。[1]《论集》认为由河西走廊经过哈密、吐鲁番,沿塔里木盆地北缘进入中亚的这条通道不仅是汉代以后的丝绸之路,也是更早的青铜之路。[2]其实这条通道甚至可以远溯到旧石器时代晚期[3],可以是石器之路和彩陶之路[4]。

《论集》认为中亚青铜文化发展可以分作两次大规模的东移过程。第一次发生在公元前二世纪,第二次是在公元前一世纪初。[5]第一次东移主要是安德罗诺沃文化、卡

---

[1] A.P.Okladnikov 1959. *Ancient Population of Siberia and Its Cultures*, p.47. Cambridge, Massachusetts : The Peabody Museum.
[2] 林沄先生通过对我国阿勒泰、内蒙古、火烧沟和中亚安德罗诺沃文化出土的喇叭口耳环的比较,也认为这条通道至少在夏代便已形成。参见《夏代的北方青铜器》,载《边疆考古研究》(第一辑),科学出版社,2002年。
[3] 尽管目前新疆地区尚未正式发掘过任何旧石器时代的遗址和地点,但是发现的旧石器时代地点却不在少数,而且类似梭鲁特文化的两面剥制的石制品在阿勒泰、昆仑山北麓等均有发现。
[4] 青海发现的宗日文化器物与马家窑文化、仰韶文化在陶质、陶色以及纹饰上均有着很大的差别,后者不可能是前者的来源,我们恐怕只能向西寻找其源头。
[5] 关于这两次东移,国外学者也从人类学角度加以证实,参见 Christopher P. Thornton and Theodore G.Schurr 2004. "Genes, Language, and Culture : An Example from the Tarim Basin". *Oxford Journal of Archaeology* : 23 (1).

拉苏克文化以及楚斯特文化,这次东移对甘青地区青铜文化的发展没有产生直接影响,但存在着某些东移文化因素,如四坝文化遗址中的砷铜合金技术、民乐灰山出土的小麦、诺木洪文化遗址出土的建筑土坯等。第一次东移对新疆地区的青铜文化产生的影响较大。第二次主要是斯基泰骑马文化的东移,对我国西北地区青铜文化普遍影响较大。无论这种区分是否妥当,但就这一区分的本身来讲,便说明我们在对待文化传播方面有了更为客观的态度、更加包容的精神以及更为深入的研究。

由于整个西北地区青铜文化规模小而分散,具有多样形态、多元发生和多线演进等特点,所以在做研究时首先是每种文化的个案研究,亦即条析,这就是《论集》中各个考古学文化的类型学研究、分期和时空框架的建立;也正是分散和多样的特点,决定了文化整合的必要性,亦即《论集》中的环境考古、诸文化间影响和源流的剖析以及与周边文化的比较研究。不过西北地区,特别是新疆地区考古的难点不仅在于对于考古文化的条析,更在于考古文化与文献(如希罗多德的《历史》、甲骨文、金文、《史记》以及藏族史料等记载中的有关少数民族、地域等的内容以及《穆天子传》《山海经》等神话传说）的整合，以及与民族学和人类学的整合，只有这样，才能确立西北考古的地位并彰显其作为中西文化连接者的意义，突出其在中华文明起源和形成中的作用。这一点不仅是对水涛先生的期待，同样也是对整个中国考古界的期待。

从实证到验证

——蒋乐平《跨湖桥文化研究》读后

如同欧美考古界一样，整个20世纪，中国考古学都是在文化历史学派的影响之下发展起来的，认为事物（包括历史、社会以及文化）都是循着由简单到复杂、由低级到高级这样一种直线进化的方式发展起来的，所以其关注定义文化内涵、确认文化的时空范围、建立文化序列、厘清源流关系等方面。通俗地讲，文化历史学派只关心文化是什么样子，而很少去考虑为什么会是这个样子；他们仅仅是热衷于建立各种各样的理论和假说，而从来不去对这些理论和假说进行验证。

20世纪末，《驻马店杨庄》《龙虬庄——江淮东部新石器时代遗址发掘报告》《舞阳贾湖》等一批田野发掘报告的面世，意味着新考古学浪潮在中国考古界的到来，开启了过程考古学研究的新局面。新考古学认为考古学更应关注文化发展的过程，亦即通过文化所表现出的人与自然环境之间的互动过程（简称人地关系），从而解决文化的个案问题，故又称过程考古。过程考古的核心也是进化论，不过不同于文化历史学派，新考古学所谓进化并不是一个由低级到高级、由简单到复杂的直线发展过程，而只是一个对自然环境的适应过程。根据莱斯利·怀特的定义，所谓"文化进化"乃是人类对环境的超肉体的适应方式。[1]换句话说，动物是通过生物性状的改变（体内的）来适应环境，而人类则是通过文化（超肉体的）来适应环境，所以文化的性质与面貌是由环境的限制而决定，由此又称"文化生态学"。[2]新考古学认为文化变迁的原因是文化发展中的"进化过程"所致，这个过程与文化所处的环境息息相关，故变迁每每发生在一个可预见的框架中，并且文化可以通过对其因素和成分的分析来加以

---

[1] L.A.White 1959. *The Evolution of Culture : The Development of civilization to the Fall of Rome*, p.8. New York : McGraw-Hill.
[2] J.H.Steward 1955. *Theory of Culture Change : The Methodology of Multilinear Evolution*. Urbana : University of Illinois Press.

理解。[1]要理解一个文化,首先要从其所处的环境入手。

正是在这种背景下,许多现在归类为科技考古的内容与课题蓬勃兴起,如孢粉分析、动物考古、环境研究、气候演变、概率分析,以及各种实验室检测分析数据等,一时之间,这些都成为一份理想的考古报告所必须涉及和包含的部分。新的考古报告在传统器物类型学研究之外,更倾向于对环境、生态以及生业方面的数据的提取、展示以及分析,因为这些数据对于文化个案的分析和研究有着更为直接的关系和意义。用非考古专业学者的话来讲,新考古学发掘报告能看懂了。其实陷入形式划分中的传统考古学研究,不要说非专业学者,即便是考古专业的学者,读起来也是非常吃力的。对于历史时期的考古学家而言,史前考古学的类型学研究同样是看不懂的。

新考古学给考古报告的编写带来的主要变化和影响就是增加了人、社会和环境的内容。十年前由蒋乐平主

---

[1] B.Trigger 1989.*A History of Archaeological Thought*, p.289.New York:Cambridge University Press.

编出版的《跨湖桥》田野发掘报告,[1]便是一部新考古学研究范式影响下的研究著作,即除了分型分式的传统类型学研究之外,更多关注环境生态与经济、渔猎采集以及动植物研究等方面。一如其他新考古学田野发掘报告,实证研究同样也是《跨湖桥》一书的亮点,亦即各种实验数据、表格与报告等。不过应该看到我国这种基于抢救性的考古发掘,其研究也仅限于初级理论指导下的实证,既无问题导向,亦无可预见的框架。换句话说,20世纪末在中国出现的新考古学,只是一种没有理论和假说的实证,而非验证。虽然20世纪末中国新考古学是在西方过程主义考古学的影响之下发展起来的,但是在方法论上却更倾向于孔德的实证主义。而不是过程考古学派的假说验证,与无征不信的乾嘉考证学派有着诸多相似之处,这也就是为什么有些学者认为20世纪末的中国新考古学发掘报告中那些科技实验数据与整个报告研究似乎是两张皮,而不是一个整体的原因。新考古学不仅

---

[1] 浙江省文物考古研究所、萧山博物馆:《跨湖桥》,文物出版社,2004年。

要关注文化是什么样子的,而且更要思考为什么会是这个样子。这也正是新考古学为什么认为能够完成这种"文化过程"的重构和复原的原因。从方法论上来看,新考古学主张必须按照更为科学的方式来分析考古遗存,是建立在假说—演绎模式之上的验证。验证是实证的升级版,即在理论和假说指导下的实证,是实证朝着更为科学方向的前进;二者的主要区别在于,实证基本上采用归纳法来完成,而验证则必须在演绎法中进行。一个是终结,另一个则是推演。

整整十年之后,《跨湖桥》田野发掘报告的主编蒋乐平,又出版了他对跨湖桥遗址的综合研究《跨湖桥文化研究》一书。从田野报告到综合研究著作,十年之后,同一主题、同一作者,应该说这是研究的深入,比如对生业的研究。生业是新考古学所主要关注的一个话题,因为人地关系主要就是从生业方面来观察。所谓生业,就是古人的吃喝拉撒住。通过实验考古学和检验数据,我们确切地知道了8000年前人类的许多生活细节,比如通过陶釜口沿或壁上的残留物分析,我们得知跨湖桥人吃的是经过蒸煮加工的包括禾本科、豆科等植物的根、茎、叶、果实等；通过甑、釜等器物，我们知道食物的加工方式包括煮、蒸、烤等；通过浮选和孢粉分析，我们可以知道当时的环境气候，知道跨湖桥人在种植水稻之外，尚有许多采集经济作物的存在，比如菱科的菱角和莲科的芡实，以及胡桃、栗子等。对于人类历史而言，任何考古发现均为实证。

在《跨湖桥文化研究》一书中最引人注目的是由实证到验证的转变，作者不仅仅满足于是什么的描述性的初级理论，而且还试图运用能解释为什么的中程和高级理论。以跨湖桥遗址发现的保存完整橡实的食物储藏坑为例，我们可以观察到实证与验证之间的转换是如何发生的。该遗址发现的在地面掘坑用以储藏橡子的做法，事实上在整个新石器时代的考古遗址中是非常罕见的，所以综合报告考虑到杭州这种地下水位较高的地方，认为地下掘坑除了储藏之外，还为了去除橡子中的鞣酸涩味。橡实不仅在南方地区，其实在我国黄河流域的北方地区，也是人们的日常食物。唐张籍有诗云："岁暮锄犁傍空室，呼儿登山收橡实。"唐代皮日休《橡媪叹》云:"秋深橡子熟,散落榛芜冈。伛伛黄发媪,拾之践晨霜。移时始盈掬,尽日方满筐。几曝复几蒸,用作三冬粮……"即便是大诗人如杜甫者,亦食橡子,《新唐书·杜甫传》说杜甫"客秦州,负薪采橡栗自给"。在实证主义方法论中,这种文献的描述可以作为跨湖桥灰坑中储藏橡实为人类食用的例证,甚至还可以作为二重证据法案例。不过新考古学则主张更加直接和科学的验证。所谓科学,就是一种可验证的论断。通过对石磨棒和石磨盘植硅体和残留物的提取和化验,我们得知橡实确实是石磨棒和石磨盘所加工和食用的对象。[1] 广谱革命认为从旧石器时代晚期或新石器时代早期开始,人类开始食用橡实,[2] 而跨湖桥考古的最新研究表明,中国的情况亦然,至少从新石器时代早期便开始

---

[1] 刘莉等:《全新世早期中国长江下游地区橡子和水稻的开发利用》,《人类学学报》2010 年第 29 卷第 3 期。
[2] K.Flannery 1969. "Origins and ecological effects of early domestication in Iran and the Near East," In *The Domestication and Exploitation of Plants and Animals*, eds.Peter J.Ucko and G.W.Dimbleby, pp.73—100.Chicago : Aldine Publishing Co.

食用橡实。

在《独木舟、先越和南岛语族》一章中，作者将跨湖桥遗址发现的独木舟与南岛语族的扩散联系起来，这是一个非常有趣的话题。19世纪中叶，西方人类学家柯恩等人根据现代语言中词汇的分布将西南太平洋四大群岛的苏瓦迪士"基本词汇表"中南岛语系的祖语拟测出来，看它们包含着什么样的文化内容与环境信息，再据此印证其他古代文化与地理区域。这些拟测出来的南岛语系的祖语有甘蔗、椰子、香蕉、竹子、苇、稻米等200多个词语，学者们认为"大量的与居住于海边和特殊的热带植物有关的原南岛语语汇很强烈地指示着他们的老家位于热带，并且位于岛屿地区或是大陆上的海岸地带"，换句话说就是福建、台湾一带。[1] 不过最近有的学者认为南岛语族扩散的最早源头，应扩展到现今已经消亡的、但在壮侗语族和闽、粤等汉语方言中尚保留浓厚的"古南岛语底

---

[1] 张光直：《中国东南海岸考古与南岛语族起源问题》，《南方民族考古》1987年第1期。

层因素"的华南百越地区。[1]

南岛语族的扩散只是一种假设,这个扩散是何时发生的、在一个什么样的范围和程度上,以及以何种方式发生的,等等,还不是很清楚,还需要从多学科的角度做大量的研究工作来验证。从目前的考古资料来看,跨湖桥遗址出土的独木舟是目前时代最早的航海工具。日本也发现绳纹时期的独木舟,实际上这种被称作"Dugout Canoe"(独木舟)或"Iogboat"(小船)的独木舟在环太平洋,包括南太平洋都有发现,所以学者们认为环太平洋文化圈还有南太平洋的石锛、拉皮塔等考古学文化圈的形成,以及整个南岛语族的扩散都是借助这种独木舟的传输和运送来实现的。[2]

跨湖桥遗址出土的独木舟显然是南岛语族扩散理论的部分验证。如果仅就独木舟而言,会有孤证之嫌,但

---

[1] 吴春明:《"南岛语族"起源研究述评》,《广西民族研究》2004年第2期,82—90页。
[2] A.C.Haddon & J.Hornell 1975.*Canoes of Oceania*.Honolulu, Hawaii：Bishop Museum Press；凌纯声:《中国远古与太平印度两洋的帆筏、戈船、方舟和楼船的研究》,台湾南港,"中央研究院"民族学研究所,1970年。

这仅仅是考古学组合中的诸文化因素之一。与上面谈到的橡实、石锛、绳纹或栉纹陶器、印纹陶、土墩墓[1]、悬棺和崖葬[2]、石棚墓[3]、贝丘遗址、干栏式建筑,包括学者们最近注意到的巨人像和蹲踞式人形[4],以及人面像岩画[5]等,都具有环太平洋地域分布特征的文化因素。目前环太平洋西岸地区距今1万年前的考古学文化包括浙江上山和跨湖桥文化、俄罗斯远东地区的新石器时代陶器、日本的早期绳纹文化、朝鲜半岛的栉文土器时代考古学文化[6],这些早期新石器时代文化都围绕和分享着海

---

[1] 凌纯声:《美国东南与中国华东的丘墩文化》,台湾南港,"中央研究院"民族学研究所,1968年。
[2] 何英德:《骆越与"南岛语族"的海洋文化的关系》,载张一平、吴春明、丘刚主编:《百越研究》(第三辑,中国百越民族史研究会第十五届年会暨环南海历史文化国际学术研讨会论文集),暨南大学出版社,2012年。
[3] 凌纯声:《台湾与东亚及西南太平洋的石棚文化》,台湾南港,"中央研究院"民族学研究所,1967年。
[4] R.J.Coffman 2002. "Voyagers of the Pacific: Rock Art and the Austronesian Dispersal", *Rock Art Research* (19) 1: 41—67.
[5] 汤惠生、梅亚文:《将军崖史前岩画遗址的断代及相关问题的讨论》,《东南文化》2008年第2期。
[6] Y.V.Kuzmin 2006. "Chronology of the Earliest Pottery in East Asia: Progress and Pitfalls", *Antiquity*: 80 (308) 362—371.

洋这个具有共性的自然环境。按照前面莱斯利·怀特对于文化的定义，无论从传播的角度还是进化的角度来看，具有海洋共同自然环境的各个文化之间，也应该具有更多的共性。直接将跨湖桥与北美印第安史前文化相比，也许会有人认为太突兀和太遥远，而事实上学者们经常将日本的绳纹文化与北美太平洋沿岸的前哥伦布文化（史前文化）相提并论，认为前者影响了后者。[1]与绳纹文化相比，跨湖桥有着诸多共同的文化因素。绳纹文化被认为是公元前14500年—公元前300年的日本史前文化。[2]早期绳纹文化（距今10000—7000年）[3]应该与跨湖桥时代相当，其文化内涵，也有诸多相似之处，比如

---

[1] S.Koyama and D.H.Thomas (eds.) 1979.*Affluent Foragers : Pacific Coasts East and West*.Senri Ethnological Studies No.9.Osaka : National Museum of Ethnology; Aikens and Rhee (eds.) 1993. *Pacific Northeast Asia in Prehistory : Hunter-Fisher-Gatherers, Farmers, and Sociopolitical Elites*.Pullman : Washington State University Press.
[2] Junko Habu 2004.*Ancient Jomon of Japan*.Cambridge : Cambridge University Press.
[3] 袁靖:《从贝丘遗址看绳纹人与环境的相互关系》,《考古》1995年第8期。

绳纹陶、石锛、橡实、朱漆或生漆的使用[1]，特别是独木舟、杆栏式建筑等有着很多可以比较的方面。跨湖桥文化与绳纹文化之间是什么关系，以及两者之间是如何相互影响的等问题的深入研究将会极大地推动南岛语族扩散研究的深入发展，同时也会更进一步加深我们对东南沿海地区海洋文化的研究。

从实证到验证的学术路线将引领从陆地到海洋的学术研究方向。对于我国所处的地理位置而言，西部和北部与欧洲相连的欧亚草原大陆上自古以来就一直上演着民族迁徙的历史大剧；而在东部和南部，在辽阔的太平洋上，同样也永不停歇地变换着文化迁徙的场景。跨湖桥出土的象征海洋文化的独木舟和象征农业文化的稻米很有可能成为后来两大文明的源头。尤其是独木舟，将其放在海洋文明的语境中，作为南岛语族的证据链之一，跨湖桥

---

[1] K.Imamura 1996. *Prehistoric Japan : New Perspectives on Insular East Asia*, pp.162—164.Honolulu : University of Hawaii Press; K.Mizoguchi 2002. *An Archaeological History of Japan : 30,000 B.C.to A.D.700*, p.73.Philadeghia : University of Pennsylvania Press.

遗址有着更为深远的文化意义。对于我国东南沿海的考古学文化研究而言，南岛语族的考古学文化，或者说海洋文化将是今后越来越多的考古学家们需要涉足的一个重点领域。

把灵魂留在高处

——周宁《人间草木》读后

2010年4月下旬，厦大的周宁教授打来电话，提及他不久之前在商务印书馆出版的《人间草木》一书，当时我正在云南昭通的深山大川之间考察秦五尺道。周宁绝没想到当时我带在身边的两本书之一就是他的《人间草木》。读着他有关伯格理的描写，走在通往昭通石门坎那古老而斑驳的五尺石道上，感觉如同朝圣一般。事实上《人间草木》的整个阅读过程，就是一次朝圣的历程：一部小小的册子，却读得我备尝辛苦和沉重。

活，还是不活？这是个问题。读完《人间草木》，越发感到哈姆雷特王子问的不是个人问题。死亡是个非常古老的话题，我们文明很重要的一部分就是为了解决死亡问题，这就是作为人类精神文明的宗教。宗教的核心并不是教人类如何活着，而是如何应对死亡。对于古代人或者宗教而言，活着是为了死去；活着和如何活着不重要，重要的是死去和如何死去。对死亡有了一种积极的态度，有了一种选择，死亡便不再是一个自然事件了，而是一种文化应对。不过对于当代学者周宁来讲，他关注的是如何活着，正像他所说的经历过"祛魅化"的当代人，究竟如何高贵安稳地生活？这是当代知识分子最重要的问题。其实不必看"祛魅化"后的现代知识分子，早在春秋时期，孔子就说过"未知生，焉知死"，这是我国非宗教文化特有的关注点和传统。

《人间草木》通过四组人物的死亡，来反观其生命，正如书中说的"面对死亡的态度，决定一个人面对生命的态度"。从生命的起点来面对生命是一个动物式的自然过程；而从生命的终点来反观生命，则是人类的文化态度。为了死去而活着还是为了活着而死去，不仅是人与动物的本质区别之一，同时也是宗教和非宗教的区别之一。

最近，耶鲁大学雪莱·卡根教授的死亡课程在网上受到追捧，卡根教授秉承了西方自柏拉图以来对待死亡的逻辑和科学传统，即围绕着肉体论和灵魂论（或二元论）

而展开讨论。然而西方对待死亡的理性态度将人类对于死亡的感悟和关注，以及由此而产生的灿烂文明抹杀殆尽。在死亡这一问题的认识上，我们不需要过多理性的思考，只需要发自内心的关注和领悟，这就是东西方的区别。

非此即彼的西方理性和彼此彼此的东方领悟决定了东西方文化中对待死亡和生命的不同态度。第一组马礼逊和伯格理两个都是传教士，都为了传播上帝福音来到中国。然而在那个上帝福音遭陷害和污染的时代，基督教能给中国带来幸福吗？在这个问题上马礼逊的绝望和伯格理的期望同样彻底，不过不同的看法并不影响两人作为上帝仆人而对自己使命的完成。如何活着并不重要，活着是为了死去，死是对信仰的重要实践，是对生命的完成。

卡根的死亡课程仅仅是把死亡当作一个客观对象来加以科学认识，对人和动物来说生物学意义上的死亡没有区别。西方的死亡学说中，无论是肉体论还是灵魂论，都不能囊括中国传统文化中对待死亡的态度。在中国传统文化中，仲尼先生负责生，要人们关注活着；死的事由老庄来管。道家认为生即死，死亦生。生有何欢，死亦何憾？庄子说："生也死之徒，死也生之始，孰知其纪！"所以庄子在老婆死后，自己却在庭院中鼓盆而歌；所以弘一法师视生如死，虽存犹殁，而死亡也不过是"去去就来"。旨在消解二元之对立的道家哲学，决定了中国文化对待死亡和生命之间的圆融态度，所谓圣人贵一也。不唯生死，而是所有的对立与二分也不复存在。看看苏曼殊，一生都游走在出家与住家、放纵与持戒、大爱与决绝、觅死与寻欢之间。

不过作为宗教圣人的毕竟是少数，芸芸众生依然逃脱不出生离死别的凡俗。《人间草木》中前面两组人物虽然都是宗教人物，但对于死亡的认识，却完全反映出东西文化的本质与区别；而后两组人物都是非宗教人士，在他们充满个性的人生中却有着对死亡的共同认知：死亡不是自然发生的事件，而是文化的选择结果。

"在生命失去意义的时候，活，还是不活？不是个问题。"韦伯躺在空寂的床上终于想清楚了，但在风雨交加夜晚中的托尔斯泰并没有想清楚，在清冷湖水中的梁济和王国维也没想清楚。韦伯是理性的，他用生命思考死亡，生与死都是没有意义的；而后三者考虑的是生，却用死亡来应对生命，死亡是生命的答案。对于死亡和生命的态度，祛魅后的韦伯如同大彻大悟的弘一法师一样，阴阳无别，生死两由之。而托尔斯泰、梁济和王国维的问题是不知道该怎么活着和为什么还要继续活着。灵魂转向很痛苦，不转向更痛苦，只有死亡。

为什么活着？怎么活着？宗教中这个问题的答案是现成的，不用思考；但对于非宗教世界的凡夫俗子怎么办？如果不得到解决，基本的伦理道德秩序如何建立？其实我们目前面临着同托尔斯泰、梁济以及王国维同样的问题。一般人可以不去考虑这个问题，像动物一样活着也不是什么于心不安的事。君子喻于义，小人喻于利，不都是活着吗？"朝菌不知晦朔，蟪蛄不知春秋"，不也挺好吗？然而，"祛魅化"后的知识分子怎么办？我们是否已经麻木和沦丧到意识不到这居然会成为一个问题？苏格拉底曾经质问"雅典的公民们"：你们一门心思贪婪地积累财富，追求名位和声誉，但从不思考和关心如何追求真理、智慧，如何让自己的灵魂升华；难道你们不觉得羞耻吗？

作为动物，我们没有灵魂；而作为人类，我们则不能没有灵魂。在"祛魅化"过程中，如何保证我们被祛除的只是禁忌和咒语，而保留人类属性的精神和灵魂，以至于不被还原成动物？"祛魅"之后人类的生存状况是否会更好一些？梁济的死虽然并未能使这个世界变好一些，韦伯的死虽然也未能使我们看到"祛魅"之后人类的生存状况的改变，然而，他们毕竟使我们"穿越内心的迷雾，看到光亮"，我们知道还有人在用生命思考和寻找。

周宁说他花了近两年的时间来写这部小小的册子，而事实上他对书中人物的思考已经二十多年了。那是20世纪80年代末在遥远的青海，那时还算年轻，少年不知愁滋味的我们却常在一起惆怅人生中的生老病死，用李叔同和苏曼殊大悲大喜的惊艳人生，来感慨我们的平淡与平庸；用这种精神盛宴来弥补物质的相对贫乏。当时周宁还没有将苏曼殊和李叔同心灵轨迹认识得如此明晰，更多的是一种心仪，心仪弘一法师以出世精神，做入世的事业；心仪苏曼殊那种真幻俱有情的诗意人生。"问余何适？廓尔忘言",这是人生的一种风范;"华枝春满,天心月圆",这是人生的一种境界。而另一方面,苏曼殊一生的沉溺纵情和凄艳悲绝,同样也令他心动与心折。那时周宁更多是从生的角度审视二人,与二者是一种心灵上的靠近和观照。多年以后,当周宁将二人一起放在死亡的论题下加以辨析时,才发现二人的人生竟如此惊艳!周宁终于在认识上也与弘一法师走到一起了:物质带来的幸福"只是一种动物性的幸福,出现的时候不可靠,持续到永远又不可能。人只有在向往神性中才能获得终极的幸福"。周宁身上有着苏曼殊的纵情与沉溺,周宁注定成为不了李叔同。我们活着毕竟不是为了死去,更当不了苏曼殊,因为活还是不活,已不是问题。

至情至性加上刀锋一般犀利的思想,用这些来思考生命和死亡显然是一件很严酷很要命的事。可能是厦门的亚热带海风温暖了来自韦伯灵魂的阴冷,《人间草木》中并没有绝望,依然传递着温情,甚至有一丝鼓励。我们已被说服相信这是"一种高贵得让人振奋、脆弱得让人忧伤的古老的理想"。或许是担当,也许是谢幕,但这都不重要；重要的是分担与分享，因为这是我们整个人类的问题，是我们整个社会的问题。

读完《人间草木》，满头飞雪，心中苍茫，脚下的五尺秦道依然斑驳：问余何适？廓尔忘言。

通往高处

——张文华《高原系列》印象

10年前离开青藏高原来到南京，已经习惯于得失算计和锱铢必较的物质社会，已经忘记青藏高原的精神世界。在这个物质化的现代社会里，我已经不知道什么是精神世界，更不会审美。即便是审美，也完全是从经济利益的角度去衡量。何为美？羊大为美，我已经深深领悟到了像狼一样食肉者的经济理解是何等的精准。青藏高原对我这个行将变成动物的人而言，已经是另一个世界。然而，一直在物质羁绊和重压下的肉体却始终向往着精神的高处，渴望高原，渴望山那边的经幡一直在心中飘动。

从1985年到1990年，张文华在青藏高原整整游荡了5年。在这5年间，他与青海考古所的考古学家协作搞岩画调查，他不仅要在马背上踏遍青海广袤的72万余平方公里土地，而且还要顺着时间的隧道叩访几千年前的古代岩画。这种悠远而广阔的时空体验,给他现在的高原系列打上了深深的烙印。

画布上无论是群山、草原还是天空,都扑面而来,有一种强大的令人感到窒息的压迫感,这显然是受那种典型的几乎没有留下任何空隙的藏式唐卡绘画布局和构图的影响。可能高原上延绵不绝的群山给人印象太过震撼,非此不足以表达。很少有人注意到高原上光线分明、色彩

图1 张文华《高原系列》之一

亮丽以及瞬息万变的天空和云朵，更鲜有画家对此加以表现。如同群山一样，其所画高原的天空和云朵也往往横空出世，以不属于这个世界的惊艳和妖异而瞬间占领人们所有的感官。整个画布铺以反差强烈的色彩，采用这种铺满画布的方式，可以说是他对唐卡绘画的心领神会。仿佛神兵天降，我们已被占领。高原系列中，人物、动物或与人类相关的房屋帐篷等似乎全部在强大的自然威逼下，只能退居困守于一方小小的空间。这种构图与布局所表现的不仅是传统中国画中对山水的钟情，更多的是高原生活中人类对自然的仰赖和信念。

高原系列中运用嶙峋怪石似的写意和层层积染的积墨笔法，使得这种占领显得更为简洁和犀利，省去了所有枝蔓和过程，直捣黄龙。中国画表现出了人们的感性认识，所刻画的不是物理客体，而是内心的认知，按照郑燮的话说表现的是"胸中竹"。这种艺术实践要领在于"因心造境，以手运心"。比之西方绘画的"眼中竹"，中国画更多强调心的认知，而非手的绘画技巧。"知画之为物，是性灵者也，思想者也，活动者也，非器械者也，非单纯者也"。用自矜的话来说,中国画需要更多的自我修养和文化素养,所以"文人画"便成了中国绘画的一种标高,成了艺术与匠人之间的分野,正如张彦远《历代名画记》所云:"自古善画者,莫匪衣冠贵胄,逸士高人……非闾阎鄙贱之所能为也。"写意技法便是文人画思想的物质手段,是感性认知的技术表现。作为一介"文人"的张文华,在高原的几年游荡中,除了写生这种技术上的实践和准备外,更多需要的是内心的体验与感受,需要心在高处。所以高原系列要传递的并非高原美景,而是对这种景致的真切感受和超强的领悟力。山峰如戟,天空如染,草原如涌,这种快捷和酣畅的笔法的确给人以强烈的视觉冲击,这不仅可以更为真切地表现青藏高原荒野苍茫的粗粝质感,而且也更能契合中国画"不下堂筵,坐穷泉壑"的意趣和境界,诚所谓"画者不过意笔草草……写胸中逸气耳"。

当然,五年对远古时代岩画的考察定然也会留下悠远的时间印记,高原系列中的人物、动物或与人类相关的房屋、帐篷、经幡等绘制得如同岩画般原始简约。岩画经千年风雨侵蚀之后,所有的细节都已被打磨干净,只剩下主干了。尽管青藏高原是最年轻的地质隆升,但岩画却为我们留下了人类最为古老的图像。这种简约风格带来了浓浓的历史气息,时间在这种简约风格中表现出其最原始的沧桑感。牦牛是高原岩画中最重要的主题,这倒不是因为牦牛是青藏高原日常生活中最常见的动物,更重要的是牦牛象征着青藏高原的精神,是一种象征,也只有牦牛才能与青藏高原的巨大与厚重相匹配。尽管是简约的象征,驮着

图2　张文华《高原系列》之二

重物的牦牛蹒跚地行走在山间草地，历史的隐喻顿时有了形象，有了色彩，有了生命。

高原系列中那些时隐时现的亮丽色彩来自飘动在山那边的经幡。有了风中的经幡，青藏高原巨大的物质存在便有了精神的灵动。经幡不仅象征着藏传佛教，象征着年轻的隆升，同时也是我们国家除五星红旗外飘扬在高处的信仰标识，更是精神世界的物质形式，是我们灵魂和心灵忽扬激荡的标志。"身在曹营心在汉"含贬义，来表达一种身不由己的精神与肉体的分离状态，然而对于一个艺术家来说，无论身在哪里，心却一定要在高处。如是，我们的精神才能不被物质化和动物化，我们的创作才能获得物质以外的精神高度，才能实现真正意义上的"文人画"。在目前的经济大潮中，我们全然忘记了我们的心灵和精神还需要在物质世界之外的高处，建立一个不受羁绊的安身之所；我们全然意识不到我们正在退化、物化和动物化，我们正在重蹈动物世界的覆辙。

久矣夫！我们渴望一面永远飘动在心中的经幡，引领我们的精神和心灵突破物质的重围和羁绊，通往高处。

思想的形状

——林逸鹏《云南印象》之印象

观展回来，心中一直想着林逸鹏的云南印象系列作品。之所以这样，并非出自欣赏，而是因为没看懂，充满疑惑。我既不懂艺术创作，亦非搞绘画研究，对云南印象系列作品理应不懂，凡事都要讲道理。不过我的疑惑不在于艺术，而是对作者所绘制的非鱼非鸟或亦鱼亦鸟的怪异图像，感到非常不解。云南印象系列作品分为生命情怀和绿色情怀两部分，这两部分彼此呼应，都是对云南繁茂动植物蓬勃生机的表达。平铺直叙的块状的色彩，旁逸斜出的跳跃的笔墨，还有像装饰画一样铺满画面的布局，空间感和色彩感丰富而浓郁，任何人都会由此产生对绿色和生命的直接感动。这种来自感官的直接感受，正是云南印象系列作品的基础和主题表述，任何人都一样，即便有所差异，亦相去不远。

图1 林逸鹏作品之《云南印象——生命情怀》

问题在于造型奇特的鱼鸟结合图案不仅是对悠远时间的表达，也是该系列作品的制高点，同时更是对传统文化和古代思想的深度发掘。

从图像学的角度来考察，这种造型并不常见，不过其手法却是非常传统的，甚至可以说是中国传统文人画中标志性的东西，这就是中国文人画中以表现自我主观世界为核心的禅画。例如王维的绘画作品中往往以桃李、芙蓉、莲花同出一景，这种时间失序和空间交叠的图景恰恰正是王维内心主观世界的反映。这种建立在禅宗心性论基础上的主观结构在后世理论中不断被诠释、运用、加强，乃至放大，如沈括的"神会"、倪瓒的"胸中逸气"、欧阳修的"忘形得意"、八大山人的"心物相接,心境合一"、郑燮的"胸中竹",乃至石涛的"一画论"等,均属此列。于是这种时空错乱、主客交织、分类无序等一系列旨在表达与自然、客观世界相对立的主观构图,便从此成为文人钟爱的绘画实践。

在这种表现主观的构图模式中,鱼和鸟往往成为具有代表性图像,比如李鱓《花鸟册》中每每同时出现花和鸟。"翠羽时来窥鱼儿",这是李鱓对自己作品的题诗。但我们知道在客观世界中是很难见到这种自然场景的,这种雀类或学名叫雀形目的鸟实际上与鱼是不相干的,这只是作者通过非自然的空间叠加把鱼和鸟合在一起。

林逸鹏云南印象系列中的鱼鸟和合图,可以理解为自然界整体生命的象征,或表示包括天上和水下在内的一个空间概念,抑或作者个人体验中借以表达对分类、传统、秩序等传统观念和思想的蔑视与背离的符号,等等。不过这些都不是我们所关心的,我们感兴趣的是何以是鱼和鸟?

事实上以鱼鸟入画,其来有自矣!远在6000年前的新石器时代,鸟啄鱼图案便出现在陕西宝鸡、姜寨,河南阎村等地的仰韶文化彩陶上。此后这种图案每每见诸青铜时代的岩画、玉器和汉代的画像砖上,甚至一直到今天,鱼鸟图案仍是我国如陕北剪纸、刺绣等民间艺术中常见的图案。鱼鸟图案不仅在历史上延续时间长,而且在空间上的流布范围也是全球性的,比如在塞浦路斯公元前600多年前彩陶图案中,几乎与仰韶彩陶上构图完全相同的鸟啄鱼也是一个常见的主题。而且纵观这种鱼鸟图案的演进历史,其造型在不同的时代大同小异。尽管以鱼

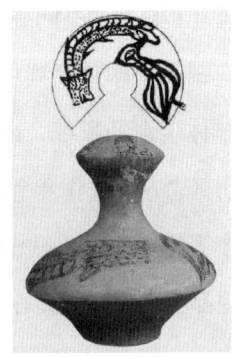

图2 河南阎村(左)和陕西宝鸡北首岭(右)仰韶文化中的鸟啄鱼彩陶纹饰

鸟争斗（或鸟啄鱼）形式出现的图案自古至今变化不大（只是鸟的种类变化较大，甚至有时以公鸡的图案来代替），

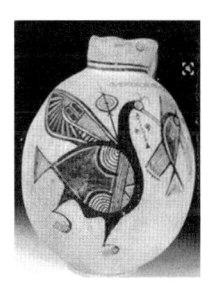

图3 相当于春秋中期的塞浦路斯彩陶

不过汉代以后，在鱼鸟争斗图案延续的同时，还出现了一种新的组合形式，这就是鱼鸟和合，鱼鸟争斗变成了"鱼鸟化合"。如1980年在山东嘉祥县宋山村发现的东汉安国墓祠题记上，附有一幅阴阳转合图。图呈正方形，其三边作阴阳两鱼相对，另一边为人首鸟身的"雌雄二煞"，形象地表达了生死转合、构精化生的观念。汉代画像砖中有许多鱼鸟化合图，四川宝兴出土的一块汉画像砖上，鸟鱼、日月左右对应，意味着阴阳抱合、化生复苏的文化内涵。而在后世的《山海经》插图中，甚至出现了鱼鸟同体的形象。

郑玄《礼记·昏义》注："鱼，水物阴类也。"《文选·蜀都赋》："阳鸟回翼乎高标。"《经籍纂诂》卷六云：

图4 《山海经》插图中的鱼鸟同体图

"鱼为阴物。"卷四十七云:"鸟者,阳也。"鱼鸟同体,意味着阴阳和合,意味着原来相对立的矛盾体双方,此时同化为一者。

鱼鸟之间由争斗转化为和合,何以发生?其又象征着什么?对这个问题的解释,需从思维和文化观念入手。

如同西方一样,最初中国人的思维也是以对立的二元逻辑形式为特征的:黑白、好坏、上下、善恶、强弱、神魔等,二元之间的关系绝对是对立而不能统一或转化,换句话说亦即 A 不等于非 A 的逻辑形式。仰韶文化彩陶上的鱼鸟争斗图就是用图形形象地表达了这种逻辑思维形式与文化观念,诚如列维·斯特劳斯所说的,我们逻辑的运转便是通过二元对立,以及与象征主义最初的显示相吻合这种手段来进行的。二元对立不仅是我们人类基本的思维形式，同时也是整个古代社会共同的文化观念，也就是李约瑟、张光直等人所说的以萨满为特征的文化系统。

不过《周易》之后，中国自身的哲学开始发展。《周易》云："一阴一阳之谓道。"用哲学语言来讲，"道"是产生二元的统一体，或谓二元思维产生之前的人类社会和人类思维状况，亦即神话中的"混沌"。后来盘古开天地，黄帝判阴阳，意味着建立在二元对立思维基础上的人类理性和文化的产生，原始混沌被打破，文明秩序被引入，这正是《周易》中的"一生二"。到了战国时代，出现了一个最终使中国与西方在思维、哲学以及文化上分道扬镳的新变化，即原来旨在强调对立的萨满教二元对立思维，开始向统一的二元论转变，其标志是《老子》一书的出现。《老子》一书的宗旨就是抹杀二元之间的区别、对立和斗争，使二元之间彻底转化和全然统一，这就是众所周知的阴阳哲学。老子认为正是由于天地被判开，阴阳被对立后产生的社会秩序与文明，才导致了整个社会的堕落，如战争、人们之间的敌对与尔虞我诈、世风的浇薄等。那么要改变这一切，首先要回到过去的混沌社会中去，其根本途径便是在哲学上消除二元对立。老子认为美丑、难易、长短、高下、前后等诸二元之间的关系根本不存在对立，而是相互关联、依存、统一以及转化的关系，所谓"有无相生，难易相成，长短相形，高下相倾，声音相和，前后相随"(《老子》第二章)。老子采用贬抑肯定因素、褒扬否定因素的办法来抹杀二元之间的区别和对立；唯其如此，才能达到天下大治："不上贤，使民不争；不贵难得之货，使民不盗；不见可欲，使心不乱"(《老子》第三章)。到了庄子，这一做法被发挥到了极致，他通过一系列寓言或故事来否认和抹杀业已存在的二元之间的区别，从而使阴阳哲学从文人士大夫和贵族阶层普及到平民老百姓，这就是道家思想。《庄子·山木》云：

> 阳子之宋，宿于逆旅。逆旅人有妾二人，其一人美，其一人恶，恶者贵而美者贱。阳子问其故，逆旅小子对曰："其美者自美，吾不知其美也；其恶者自恶，吾不知其恶也。"

其许多著名寓言如"庄周梦蝶""濠上观鱼"等都是通过抹杀真实与梦境及主客观之间的区别来强调二元之间的统一。在阴阳哲学家们看来，阴阳之间不存在对立，更谈不上道德价值取向，二者之间至多是一种自然的交替和变化而已。《吕氏春秋·大乐》云："阴阳变化，一上一下，合而成章，浑浑沌沌，离则复合，合则复离，是谓天常，天地车轮，终则复始，极则复反，莫不咸当。"

其中二元之间不再有区别和对立，二元融为一体，像车轮一样无始无终，像水一样无法判剖。从纯粹的数字关系来看，既然"道"是二元论之前的东西，那么转化成数字关系就应该是"一"，也就哲学上所谓的"太一"。既然二元论应用于整个社会，我们就应该抛弃二元对立，合二为一，再回到以前的"一"去："天得一以清，地得一以宁，神得一以灵，谷得一以盈，万物得一以生，侯王得一以为天下正。"（《老子》第三十九章）其认为"二"是"一"的对立之物，既然"一"的价值取向是肯定，那么"二"的价值取向就是否定。汉字"贰"除了表示数字外，其他主要义项都是围绕着"分离""分开"而衍化的，但这时的"贰"多用于贬义,如"背叛""不忠""分裂"等。

也正是从老子开始,中国的哲学、文学、艺术、医学、宗教等,便逐渐与西方分道扬镳了。"太一"与"二元"之间的区别,正是中国与西方之间的区别,这首先是来自哲学和思维上的不同。与西方相比,中国古代社会是一个哲学的社会,而不是科学的社会;古代中国更注重主观的精神世界,而不是客观的物质世界。汉代以后,道家思想虽未成为意识形态的主流而被人们所接受,但在佛教、诗歌、绘画、政治等各方面,道家思想的影响都是巨大的。如佛教中的禅宗,其中连生死、精神和肉体之间的区别都已抹杀,更遑论二元之间的斗争和对立;中国绘画所讲究的"似与不似之间",以及"胸中竹"、石涛的"一画论"等,即对二元的融合;政治上主张"中庸",即在价值取向上既不"阴"也不"阳",而取二者之间;医学上最根本的理论就是保持阴阳之间的平衡,使之不"失调";等等。

在这样一种哲学的语境中,鱼鸟和合或鱼鸟一体图,我们可以称之为"太一""道""混沌""太极"。不过林逸鹏未必是有意识或明确地想通过鱼鸟这种返璞归真的经典图像来表达传统中国的二元统一思想,但无疑传统中国的二元统一思想将林逸鹏导向返璞归真的经典图像。

云南印象系列作品正是在这一制高点上,焕发出中国传统思想和文化的光辉。对中国历史文化的深度发掘,不仅是学者们的课题,同时也是艺术家们的传统与责任。在中国传统文化的范式下,图像只不过是思想的形状。

日志随笔

维桑与梓,必恭敬止
——电影《高楼万丈平地起》观感

禾田是睡在我上铺的同学,在校期间我俩都爱看电影,经常因共吐一个槽或共追一个星而引为知己。最关键的是,我们俩都觉得自己选错了专业。他受他英年早逝的姐夫王忠全的影响,想当一名电影评论家,而我梦想能当一名导演。然而多年以后,命运之神神出鬼没:他替我圆了导演梦,而我替他写影评。

电影《高楼万丈平地起》听名字以为是部关于经济建设或边区建设的片子,也许在国家广电总局的分类中会按抗战片来对待。不过看完之后发现都不是,它是一首中国传统农耕文明的田园诗,是一曲乡贤文化的咏叹调,是对传统的追忆和怀旧。

电影中的人物很少,人物关系很简单,剧情的预设和发展也有些老套,平铺直叙,波澜不惊。主要人物只有三个:白振东、白振东女儿白静、长工石娃。白静看上了门不当户不对的石娃,其父白振东开始不同意,但最后在白静和石娃的争取下,同时也在各种事件交织作用下,白振东同意了二人的婚姻。

白振东至少应该是一位地主小员外,有地,有些佃户,有些长工。不过他既仁且智,隆礼重法,立志希贤,"乡人翕然以为贤",可以说是一位乡贤。最重要的是,他还有一位宝贝女儿。女儿白静能识文断字,白振东想盖一所学校,让女儿教书。"日入开我卷,日出把我锄",这是传统中国得以传家的耕读之风,也是一位员外乡绅必备的标配动作。传统的乡绅生活方式就是"西塾课儿孙,东皋艺黍稷",元末明初陶宗仪田头辍耕,摘叶书记的耕读传统,就是为乡绅乡贤树立的楷模。

石娃一身好力气,干活踏实,抬石板、垦田,包括知恩图报的价值观都获得了白振东的肯定和欢喜,然而,当他获知女儿喜欢上石娃时,所有的好感和欢喜马上都归零了。并非石娃不好,而是石娃与白静门不当,户不对。一个长工要成了白家女婿,白振东觉得很丢脸,没面子。

这个面子是什么？影片里从来没说，但凡事都是用面子来衡量。石娃因救白静被巨石板压伤了，白振东说万一孩子从此残废了，我白振东养他一辈子，这是面子上的事。住了两天后石娃恢复了，要离开白家，白振东却说什么也不让他离开，说你是为救我女儿负伤了，才养两天就这么走了，乡亲们会说我，我面子上过不去！后来即便是石娃参军当了兵，白振东也认为好铁不打钉，好男不当兵，同样不能做白家女婿，只要石娃答应远走高飞不再理睬白静，白振东甚至答应减租减息。最后在全村的议员选举中落败输给了石娃，让白振东感到非常的难过，因为太没面子了！

不过成也萧何败也萧何，白振东最后接受石娃作为白家的女婿，并非由于爱女白静的坚贞爱情，而同样也是因为面子。最后石娃竞选议员时，竟获票数第一，这在白振东看来没有面子的同时，又深感安慰：这位准女婿获最多票数，当选议员。石娃既然当选了议员，社会地位与他一样，白振东不再感到没面子，而是恰恰相反，深深为白家有这样的女婿而自豪，而感到倍有面子！

中国传统农村是秦汉两千年以来所形成的自治的、宗族化的、血缘社群的、伦理化的、乡绅作为组织核心及中介纽带的一个小共同体形态。在封建社会里，所谓"自古皇权不下县"，那么这种小共同体维系完全靠乡绅的管理，所谓"县下唯宗族，宗族皆自治，自治靠伦理，伦理造乡绅"（秦晖语）。这种乡绅的伦理自治在很多方面就表现为白振东的"面子"。乡绅德高望重者，是为乡贤。"德高"意味着处事公平公正，"望重"则在村民中有号召力。所以在白振东心目中，"面子"的维护甚至就是生命的意义。

在没有宗教文化的中国传统社会里，面子在中国传统文化特别是农耕文化中，实质上就是一种精神强权和道德标准，也是凝聚族群的行为指南。20世纪30年代，鲁迅曾写过一篇文章《说"面子"》，其中有这样一段话：每一种身价，就有一种"面子"，也就是所谓"脸"。这"脸"有一条界线，如果落到这线的下面去了，即失了面子，也叫作"丢脸"。不怕"丢脸"，便是"不要脸"。但倘使做了超出这线以上的事，就"有面子"，或曰"露脸"。鲁迅认为,找准了面子这个概念,也就找准了中国精神的纲领。进而他继续论述了各阶层的"脸",有小瘪三的"脸",车夫的"脸",亦有富家姑爷的"脸",绅商的"脸",但是总而言之是一个有等级秩序的"脸"。那时的人类学者胡先缙曾言:"脸"可以说是国人的道德品质,面子则是由社会成就而获得的声誉,面子甚至是农耕文化社团的治理方式。

其实关于乡贤文化的艺术表达,我们更为熟悉的是"山药蛋派"作家赵树理的作品。赵树理出生于乡土世界,熟悉农村生活,对于农耕文化的剖析鞭辟入里,从学术层面可以被认为是"乡贤"文化的研究者。他的小说字里行间流露出他对地方"乡贤"在"公私观念(化私存公)""忠孝精神""仁义道德"等方面的价值取向的肯定。乡贤文学一直是我们文艺创作中的主要文学形式。

乡贤文化已经有两千多年的历史,直到今天仍有着现实意义。只要有乡村这一级行政区划,就会有乡亲和乡情,有乡情就会有乡贤。2015年中共中央、国务院1号文件《关于加大改革创新力度加快农业现代化建设的若干意见》中就指出:"创新乡贤文化,弘扬善行义举,以乡情乡愁为纽带吸引和凝聚各方人士支持家乡建设,传承乡村文明。"诚所谓维桑与梓,必恭敬止。

尽管构成整个影片的每个故事都有着传奇色彩,诸如推墙砸锅、群汉抬石、推石救美、碧血桃花、夜垦荒地、力战草寇、群雄打铁等,但山野乡村注定是孤寂的,历史是古老悠远的,叙事基调是舒缓的,行云流水似的镜头消解了传奇的突兀,弥合了单体故事之间的链接。我之所以在前面形容这部电影是田园诗或咏叹调,主要还基于电影中大量陕北音乐的改编与运用,既保留传统元素又不失现代韵味。而且音乐每每配以鲁本斯油画般的以冷暗色调为主的大光圈画面,声音反衬出山乡的空旷和静谧,整个影片中虽未提及"历史"二字,但依然能看到秦时明月汉时关,明确地感到万丈高楼般的历史重量,也许这正是影片命名的用心之处。

一个时代的终结
——悼念萧兵先生

秋分刚过,青海黄河岸边已经是憭栗起秋风,哀怆落黄叶的季节。今晨传来萧兵先生驾鹤西去的消息,冷愈秋风,砭人肌骨。

那是 2003 年夏天的一个晚上,有人敲门,我开门后看见一位小老头站在门口,他自我介绍:"您是汤惠生吗?我是萧兵。"这令我大惊失色,没想到这位小老头居然是大名鼎鼎的学者萧兵!那时候我住在南京河西金信花园,萧先生住在南京的长阳花园,距我家 3 公里,萧先生就这样出其不意地进入到我的生活圈子里,一如他的学术,你不知道他会以什么方式突然进入一个意想不到的研究领域。

20 世纪八九十年代,萧兵的名字在学术界如日中天,煌煌烨烨,令人炫目。那个时期他的《楚辞》和神话研究在我这个刚参加工作尚不知研究为何物的毛头青年眼里，仿佛是一盏照亮前行道路的明灯。那种朴学考据加人类学阐释的研究便是我在20世纪末模仿和追求的风格。现在书架上的《楚辞与神话》《黑马：中国民俗学神话学文集》《傩蜡之风》等著作，曾经像金庸的武侠书般，一时洛阳纸贵，是我当时废寝忘食研习的著作；包括那时萧先生主编的《活页文史丛刊》，我同样也是每期必读：萧兵曾经是一种风尚，一种潮流。除了著作外，萧先生的文章同样也是一种流行，以致有"世上有字皆沫若，天下无刊不萧兵"的说法。20世纪末的萧兵象征着一个学术时代，一个以学术为潮流的时代。

20世纪有两次重大的理论与方法转型，一次是语言学转型，另一次是人类学转型。这两次转型给人文学科，特别是文学研究领域带来了颠覆性的变化。首先，从人类文学经验整合与世界性公民培养方面，针对形形色色的"文学死亡论""后文学时代论"，提出对文学中的人类学价值的重估问题。另外，对20世纪后期日益明显的学术趋势——从学科界限分明的文学研究发展为跨学科的文化研究，做出学理性阐释。最后，从知识全球化的大背景上说明：文化研究是适应知识重新整合的时代需求的必然现象。在人类学转型的基础上，中国的文学人类学从实际出发，立足于跨文化、跨学科的视域，从族群、民俗、神话、宗教信仰等多重角度拓展了文学研究的范式和发展空间，深入阐释和反思了本土文学与文化现象，不仅为文学研究提供了新的生长点，而且也为文化学、民族学、宗教学等学科构建了新的平台。

20世纪末至21世纪初的人类学转型，我觉得是以叶舒宪、萧兵、王子今等人由湖北人民出版社1991—2004年出版的"中国文化的人类学破译系列"丛书为标志的：《楚辞的文化破译》《诗经的文化阐释》《老子的文化解读》《庄子的文化解析》《说文解字的文化说解》《史记的文化发掘》《中庸的文化省察》和《山海经的文化寻踪》。新时期以来，我国文学人类学研究已有近20年的发展历史，其对文学的研究观念与范式革新的积极促进作用正在日益显现。叶舒宪先生的说法是：尝试借鉴文化人类学的视野和方法从事文学研究的创新，希望在国学的传统考据方法之上经过改造融合，建立一种跨文化视野的、运用多重求证工具的文化阐释方法，并在对本土经典的现代再阐释方面发挥特有的效力。"跨文化"不只是地理或空间意义上跨越各种阻隔的交流和对话，而是对现有文化的超越，跨越出自己文化的屏障，看到文化的多样性，并从中看到未来的开放性。各地区和族群的人们在多元一体、"和而不同"的情境下自己创造历史，具有共同走向和谐、正义的可能性和正当性。这也正是文学人类学的目标。1987年，萧兵教授赴美参加第二届中美比较文学双边会议，他作了《在世界神话语境中探讨中国太阳神》的报告，当时在普林斯顿、印第安纳、洛杉矶等地的大学都引起了不小的轰动，北大著名的乐黛云教授认为这一报告是中国文学研究面向世界的重要基础。

2005年，中国文学人类学第二届学术研讨会在湘潭召开，萧先生想拉我跟他一起参加会议，但我对此会颇为陌生，于是就问他此会是干什么的，宗旨是什么。萧先生并未直接回答我的问题，而是聊天式地向我解释："月光光，照池塘。池塘里，咚咚响。什么响，青蛙唱……"

这是对孩子最早的文学训练与陶冶。在古代，先民就通过诗歌认识和记忆鸟兽草木之名："谁能思不歌，谁能饥不食？""婉兮娈兮，季女斯饥。"诗歌一如吃喝拉撒、娶妻嫁人一样，乃自然之事，人性之常。就这样，文学与人类学，都是我们的一种存在方式。他的解释立即使一门纯理论的学科显得生机勃勃，婉兮娈兮。

萧先生大我20多岁，我们谈话间总是由他引导话题，其思维之活跃，谈锋之健，知识之渊博，我难以望其项背。百度数据显示：萧先生出版专著30余部，发表论文300余篇。每次去他那里总会收获好几本书，在他旺盛的创造力面前，我竟然觉得愧对于自己教授的职位。进入新世纪后，他的研究似乎进入到一个随心所欲的阶段，他出版的专著：《美人鱼》《辟邪趣谈》《四方风神话》《蝴蝶梦》《玄鸟之声：艺术发生学史论》《龙凤龟鳞：中国四大灵物探究》等令人目不暇接。虽然他的研究范围广泛，兴趣多样，谈话间似乎非常率性，但其实他的研究却是一以贯之，自成体系，即建立在文本考据上的人类学阐释。有一次我们讨论伊利亚德的《萨满教：古老的入迷术》,他对萨满教极感兴趣,鼓励我将其译成汉语出版(现在已有汉译本)。但另一方面,他又将我运用萨满教理论解释岩画的做法讥之为"泛萨满主义";不唯如此,对张光直先生运用萨满教解释食人卣为"鹿蹻""龙蹻"的说法也专门撰文加以批判。他在《中国上古文物中人与动物的关系——评张光直教授"动物伙伴"之泛萨满理论》一文中说:张光直教授对中国考古人类学贡献甚大,但他的泛萨满理论给历史、考古、民族和文化学工作者留下了充分思考和商榷的余地。中国上古文物往往借助猛兽或猛兽化、神秘化的动物形象来威慑敌害、邪恶、被统治阶级或文化他者;搬用萨满教的理论解释不了饕餮吃人等意旨明确的图像;良渚文化"神人兽面"丝毫没有神人骑兽的暗示,而只有"獠牙女阴"的兼体造型;王亥双手持鸟,并不为了登天,决不能把"方食其头"删掉;濮阳西水坡"龙虎葬",根本不存在龙、虎、鹿三蹻;《抱朴子》的"鹿卢蹻"讲的是带轱辘的橇车,"鹿蹻"是硬伤性的文化误读,等等。

2021年1月4日,我与南师大的徐峰教授一起去看萧兵，此时他已经搬到南京江心洲的桂园。无论是住在长阳花园还是桂园，他家里都没多少书，书柜也只有一两个。他似乎一直不用电脑，所有的书稿都是手写。我一直很好奇，不知他文章中旁征博引、学贯中西的知识来自哪里？耄耋之年的萧先生这次依旧精神矍铄和健谈。他家里没有暖气，但他飞快的语速和热情的态度，抵消了来自一月南京的阴冷。临走时萧先生将我们送到门口说，我身体不行了，走不动路了。我当时只觉得可能室外寒冷，先生不愿出门而已，孰料此一别竟成永诀！

  世上有字皆沫若，
  天下无刊不萧兵。
  老庄道德仙家事，
  孔子论语世人听。
  著作等身难永寿，
  唯有去故可就新。

悼念梁白泉先生

今天忽闻梁白泉先生逝世，又是在这个秋叶摇落的季节，去年送走了萧兵先生，今年又走了梁白泉先生。秋风起兮寒雁归，寒蝉鸣兮秋草腓。不不不，应是兰有秀兮菊有芳，怀佳人兮不能忘！

20世纪90年代末，我突然接到一封从南京发来的信，看到信封上的字迹时，顿时感到脊背发凉：先父已仙逝好几年了，怎么可能还会给我写信？！急忙打开一看，原来是时任南京博物院院长梁白泉先生的手示，说在台湾访问时看到我在台湾出版的一本书，他当时正在编著与我这本书的内容相关的一本书，故贸然按照书舌上作者介绍中的地址写信试试。从那以后我与梁先生建立了书信联系。起初是贪恋梁先生的手书字迹，令我想起家父，勾起对家父的回忆，他二人的字体如此相像，令我感到吃惊和迷惑。不过后来，我为梁先生信中的博学和卓识所叹服。无论谈及什么,他都逻辑清晰,旁征博引,随手拈来,总是闪耀着文人的博学与智慧。

直到 2001 年我从青海调到南京师大后才有机会面谒先生。先生个子不高,面容清瘦,却学问丰满,人品高尚。虽然先生最初是学地理的,但对中国典籍却如数家珍,尤其是唐诗宋词张口即来。多少次,听他大段大段地背诵引用典籍诗词,多到我不敢相信的地步!我曾经翻书对照查证,想着他总得在哪儿错一些吧,可事实证明错的总是我。先生说他觉得地理没有"人气",而他更喜欢与人相关的事件与故事,所以改学历史。第一次拜见先生最大的收获是求得先生的一幅墨宝。我说我喜欢您的字,请您给我写一幅字吧,他说他从来不给人写字,他觉得他的毛笔字写得不好。但最终先生满足了我的这个心愿,特地为我写了副联:鸾凤觅巢四海,杏花著雨江南。我估计这是先生留下来的少数墨宝之一,对我来说,弥足珍贵。

我经常带着学生去探望先生,希望学生能像我一样见识一下老一代知识分子,或者说中国最后一代旧文人的风范。我对旧文人的理解是求学于 20 世纪上半叶,工作在20世纪下半叶，他们身上有着来自两种社会的印记，即对传统经籍的执着和对中国文化风格崇尚的研习风格。古板中透露着一丝不苟；严谨中掺杂着恪守和恭敬，视学术为神圣。由于这一代人个人生活和社会的单一性，所以在性格上、思想上，乃至认识上都有着纯粹性，尤其在生活上，可以说是naive（简单质朴的）。所以每次去拜见先生时，谈论的总是学术，也正是这个原因，我想让我那些思想纷繁芜杂的学生来见识一下梁先生这样纯粹的知识分子。所谓知识分子，就是为知识活着，为知识服务着——他们不一定创造知识。他们活得像个知识分子，也就是像个书里的人。他们就是我们平常所说的诗与远方。可能久了熟悉的缘故，有一次梁先生对我说，在老伴先他走了十几年之后，也是他退休十几年之后，他终于感到有四种孤独了：情感孤独、肉体孤独、思想孤独和知识孤独。情感孤独和肉体孤独是梁先生自己的选择，思想孤独和知识孤独则是社会和时代的问题。其实这两种孤独他早就有了，只是不自知也！

后来由于工作繁忙，且先生迁居仙林后距离稍远，我只有每年春节后去拜望先生；但最近几年，每年看望一次都做不到了。我正在自责中，想着今年春节一定去拜望先生，不意先生竟遽尔仙去，怎不叫人伤痛和懊恨！记得最后一次见先生是2014年春节后，当时我正在写《夏鼐、苏秉琦考古学不同取向辨析》一文，就文章中涉及的许多考古学问题求教先生，先生对我的很多看法首先表示支持，然后有些担忧，先生显然已经洞见到很多问题。先生1928年出生，今年95周岁，"生年不满百，常怀千岁忧"，此之谓先生也！

不慕北魏郦道元，
一心只向司马迁。
少小离川不思蜀，
忍将巴人换南蛮。

不是仙女不思凡，
只因热爱事古玩。
画舫犹恋秦淮水，

金陵长居七十年。

二十年前谋东迁,
先生赐我一副联。
鸾凤觅巢走四海,
杏花著雨下江南。

忽闻西去已成仙,
巴山夜雨忆当年。
心香一炷寄哀思,
尚飨梁公名白泉。

教堂山的日子（旅美日志选摘）

2005 年 12 月 28 日

我已平安到达北卡大学。北京时间下午 1 点钟上飞机，13 个小时之后，当地时间 2005 年 12 月 28 日下午 1 点 20 分，也就是北京时间半夜 2 点 20 分抵达纽约肯尼迪机场。不过 13 个小时的飞机坐得我已忍无可忍了。然后又匆匆忙忙坐大巴去 Newark（纽瓦克）机场，24 美元一张票。两个机场之间的距离就是整个纽约市，如果从城里走，就可以看看纽约，但大巴走高速，只经过布鲁克林大桥。从公路车流量来看，纽约是个超级大的城市。它交通的繁忙不仅表现在公路，还表现在港口，纽约靠着大西洋。此外纽约的天空也非常繁忙，降落起飞的飞机多极了，加上海鸥等水鸟，远望天空你分不出哪是飞机哪是鸟。

在 Newark 上飞机时行李超重（只能带 50 公斤，可我的箱子重 65 公斤），被罚 25 美元。晚上 6 点 55 起飞，

9点20分抵达北卡。北卡下着小雨，天气一点都不冷，跟三峡似的。乐钢（北卡大学亚洲研究系主任、教授）开车来接我，他家距机场有30分钟的车程。他们家是个小别墅，非常漂亮，毗邻北卡校园。晚上到达，北卡是什么样的现在还不知道，等明天乐钢带我出去转。

12月29日

今天乐钢带我去学校办理相关手续，登记填表等。介绍我认识了Asian Studies（亚洲研究系）里的几个工作人员和老师。乐钢专门为我配备了一个办公室，尽管没有窗户，但里面有台电脑，可以上网，我对此非常满足了。这里上网非常方便，这次来不再像在意大利那样孤独了，因特网缩短了世界的距离，感觉比在三峡还方便。我把随身带的钱已经存起来了，然后办了一个银行卡和校园卡。这几天是圣诞节放假期间，1月7日上班。我给四年级学生教高级汉语，每星期一、三、五下午一节课，非常简单和轻松，这是乐钢特地为我设置的，一来可以挣点旅游经费，二来增加一些用英语交流的机会，提高一下我的英语水平。北卡大学不像中国大学那样有围墙和确定的校区，它的整个校区是开放式的，没有围墙，与 Chapel Hill（教堂山）镇融为一片，面积非常大，大致是个椭圆形，直径约6公里。校园内非常漂亮，有许多两个人才能抱住的参天古树。乐钢只带我走了需办手续的几个地方，大部分地方以后再慢慢去。乐钢的女儿圆圆已经参加工作，在波士顿的一家保险公司当精算师。圆圆昨天回家来了，她正在努力考8级精算师证，拿到此证后，她想去上海工作。

12月30日

今天与乐钢去看租的房子，还行，是个两室一厅的房间。厅、厨房、浴室共用，每月325美元。一排小屋，专门做出租房用，在那儿有世界上各种肤色的人。后去中国店购物，买了白菜、土豆、洋葱、胡萝卜、油盐柴米等共花了近70美元。这够半个月生活了。乐钢给了我一台电视，可以收两个台，不是为了娱乐，而是为了练听力。听力依然需要提高。这里的咖啡比国内便宜，其他都贵得多。郭文玲（乐钢的夫人）认为自己做饭180美元差不多够了，我想也是。我正在考虑是否装电话。乐钢把一些旧家具给了我，包括床、椅子、锅碗瓢勺，这省了不少钱。生活用品已经备齐，明天就开始自己生活了。

2006年元旦

下午乐钢帮着我搬家，感觉不错，与我合租一套房的是小李两口子，他们也是江苏人。客厅、厨房和浴室共享，各自有各自的厕所。不开空调的话电费估计在每个月40美元左右。下午去了一趟Chapel Hill最大的Shopping Mall（购物中心），它由各种店组成，就像我们南京的新城市广场。这个Shopping Mall中有来自欧洲昂贵的物品，也有来自中国的便宜货。我买了个台灯，看上去挺漂亮，很便宜，只有5美元，灯上印着"Made in China"（中国制造）！但在欧洲店里，一块上好的巧克力就值6美元！欧洲店的巧克力、红酒和奶酪等有几千种。我住的周围黑人居多，但很友善。周遭林木很多，空气清新，环境非常好。早上被各种各样的鸟叫吵醒，松鼠在林间跳来跳去，我想夏天可能会很凉快。

刚从中国来，一方面对这里的环境和文明感到强烈的震撼，同时还会感到极大的不适应。这里高度文明化，假如你不很快熟悉这些，便会像一个婴儿一样感到无助。首先你即便有现金，但不使用银行卡，你甚至花不出去！我在机场行李超重要罚25美元，但机场不收现金，必须刷卡，但我刚到美国，哪里来的卡？我没办法，只有找警察叔叔帮忙，在他的带领下找一个有卡的人给我刷25美元，然后我把现金给他。人们说身上带点零钱备用，但这种零钱决不要超过50美元，用50美元以上者就得刷卡或付支票。此外大量的东西要在网上购买或支付，如电费、电话费等。假如你英语不过关，即使上网或去银行办卡，问题也非常非常多。所以来美国首先语言要过关，熟悉电脑。这个熟悉不仅仅是我们这种简单地打字上网查东西。另一个就是出行，没有车在美国寸步难行，特别是在大城市以外的地方，商店、邮局等特别分散，你必须使用车才能办事，美国是一个汽车至上的国家。至于饮食上的不习惯、思念家乡等，这都算不得问题，因为刚来时生活上最起码的衣食住行就会弄得你焦头烂额。最让人无法释怀的也是最深沉、最持久的就是孤独感，一种身在异乡的孤独感，这会令你非常的难过，特别是刚来的头几个月。我现在就是在这种时候，但好在我在意大利时曾经历过，已经有思想准备了。这里比在意大利时好多了！

今天算是正式开始自己生活了。早上与小李两口子乘公交车去学校。Chapel Hill 的公交车不要钱，非常方便，学生们都是乘公交车上学，即便是他们自己有车也不能开，因为学校里不为学生设泊位。小李两口每天自己带中午饭，一来可口，二来可以省点钱。小李他们是北京大学毕业的，一个学物理，一个学化学，都非常出色。其实如果不出色就考不上北大，如果不出色就来不了美国。能通过 TOEFL（托福考试）和 GRE（美国研究生入学考试）来美国的中国留学生都非常出色。小李说来美国很容易，不需要任何人帮忙，只要你 TOEFL 能考够 620 分，GRE 2100 分，他 TOEFL 就考了 628 分。考完后多写几封信，他写了 40 封，有 3 个大学愿意接收，并提供奖学金，他挑选了北卡大学。他说只要能申请到奖学金，在这里生活就非常富足了，可以租房，可以买车等。他说研究生期间奖学金为每年21000美元，博士研究生时奖学金是每年32000美元，干什么都绰绰有余。学理科占便宜得多，博士一毕业就可以拿到8万美元以上，而文科只能拿4万美元左右。如果TOEFL考不了620分，拿不上奖学金，千万别出来，因为你应付不了这个社会，出来会历尽千辛万苦。在美国，靠打工挣钱是非常辛苦的。虽然我们是高访学者，但国家给的钱在美国只能勉强维生，在纽约连房费都不够付！所以我来只是看看，读点书，享点清闲，躲开学校的杂事。

1月2日

今天乐钢带我去UNC（北卡大学的缩写）的图书馆，主要是去看看这里的中文藏书。据他说这里的中文藏书在全美也在前十名以内。我今天看了看，只能说在国外有这些藏书就很不容易了，至于说可以利用这里的汉语藏书研究中国学问，可能有些夸张了。有些从台湾购买的地方志材料的确还可以。不过在这里可以做些事，因为有网络，所以不再像上次在意大利一样，总体感觉像是落难一样。

这里是大学，现在开学了，学生慢慢多起来了，下个礼拜正式开学，学生就全来了。这里公交车是免费的，开学后会很拥挤，我每天乘公交车上下班。昨天做了一锅炸酱，够吃一个礼拜了。中午炸酱面，晚上炸酱面，因为还没买着电饭锅，准备星期五去买。

1月4日

小李他们星期五走，今天收拾东西。他们给了我很大帮助，对我这样一个初来乍到的人来说，有没有他们简直是天壤之别。有了他们，无论什么事都没有什么好担心的，不知道的事张口问就行了；若没了他们，那问题就多了，而且最重要的是各种信息也就少了。算了，靠自己吧，这样也会逼得自己尽快提高英语水平，融入和熟悉这个社会。现在我国是二九时节，天气最冷，而这里却温暖如春。下午坐在阳台上看书，阳光灿烂，微风吹来，竟有一丝凉爽的感觉！美国人口不到3亿，但耕地面积却是中国的4倍！北卡地势很平坦，来这儿后只见到大片的森林，还没见到任何农田或耕地。他们这里的水几乎不要钱，但小区管理费是每月100美元，这主要是打扫卫生和处理污水的费用。美国的人工很值钱。小李在这里居住了5年，他这次走要把东西全搬走，其实也不多。他签约的公司出钱帮他搬运，美国有专门的搬家公司。猜猜搬家费是多少？12000美元！而他的全部家当才值4000美元！搬家费按重量计算，每磅4美元。小李说还不如把这些钱全给他，他就把这些东西全扔了！我来这里不到10天，已经下了两场雨，雨量每年1300毫米，与三峡的雨量是一样的；但又没有三峡那种阴湿，不下雨的时候蓝天白云，碧空如洗，阳光灿烂得如同青海的夏天！

北卡大学的系级单位一般与我们学校一样，配一个秘书和一个秘书助理。秘书Pat（派特）已经50多岁，说话很慢，很清晰；秘书助理Lori（洛里）说话非常快，她的话好像不是说出来的，像是从嘴里流出来的。她是典型的美国胖子，在美国10个人里你就能遇上这样一个体重一定在100公斤以上的巨型胖子。Lori人倒挺好，不过我刚来，对她还不熟悉。她为我申请了一个学校的上网户名，以后可以通过学校的网络来下载资料了。

1月5日

墨西哥辣子号称是世界上最辣的辣子，其实辣的程度与中国的朝天椒差不多，但味道却淳厚多了，切碎了与鸡蛋炒在一起非常的提味。因为这里华人太多了，所以中国的东西到处可以买到，甚至包括蔬菜、调料等。乐钢说在机场附近有一个中国超市，大到可以用手推车进行采购！下午和乐钢一起去购物，买电饭锅、餐具、浴液和食品等，共花了57.32美元。这也就是说到美国以后已经花了整整1000美元了，不过其中有400多美元是押金，走时可以退回来。我把账报得如此详细是为了了解美国的日常花费，我这是最基本的生活状况。不过千万不要把美元换算成人民币，这是自己给自己找不痛快。我们不可能在中国挣钱，然后到美国来花。下午排了一个小时的队，把社会保险卡办妥了。在美国，社会保险卡如同中国的身份证，干什么都需要。护照是入境用的，以后有了社会保险卡，就不用到处都拿护照了。晚上用买来的电饭锅做了一顿米饭，炒了一个白菜肉，香极了！吃了整整一个礼拜的炸酱面,吃得我现在不能见任何条形的东西。

我出去买东西之前小李他们已经将东西堆在客厅,等着搬家公司。中午1点搬家公司准时来人,是三个黑人。这些东西装箱就需要2—3个小时。我回来后东西已全部搬完,屋里空荡荡的,心里觉得空落落的。他们走了,偌大个屋子就我一个人,更感到孤单了。明天星期六,干脆去图书馆,这里周末图书馆不休息。

1月6日

厨房里有个烤箱,我一直不知道如何利用它,我在超市里看到面粉时,我想到也许可以自己烤面包。我买了一包今天试了一下,居然大获成功!只是这里的面里放了盐,味道有些怪,不过比南京的馒头好多了,也比这里超市的面包

图1 自己烤制的面包

好多了。这两天开通了网线,但整个周末上不了网,想必到星期一才能通。这样也好,周末可以做自己的事了。周末过得很安静,没有任何打扰,安心读书、写东西。下学期拟去哥伦比亚大学讲课,讲课的课程大纲已大致完成,准备过两天再修改一下给李峰(哥伦比亚东语系教授)寄去。昨天在图书馆借了七八本藏学方面的书,其中有一本是意大利藏学家图齐写的《雪域西藏》,这本书以前在国内没见过。我大致翻了翻,写得很全面,且很通俗,应该翻译成汉语,不过我没时间做这件事。

1月9日

早上起来网还没通,与国内联系不上,心里很着急。早上去系里,Lori给我安排了办公室,顺便让Lori帮我问一下网什么时候通,Lori打电话一问,说星期五我申请的当天就通了。怎么可能?我回到住处,又试了一下,果然通了!我想开通网站的人肯定是忘了,直到Lori打电话时才开通,因为整整一个周末我都在试,一直不通,而Lori打完电话后就马上通了。看来美国人办事也有疏漏的时候。接到中国社会科学杂志编辑部的信，稿子发表没问题，但需压缩一下，字数太多。今天是真正开学了，公共汽车上人很多，据说早上8点多上课的时候，有时坐不上车。小李临走前在网上帮我定购了一部手机，预付100美元，用3个月后再退还给我96美元，也就是说手机和电话卡都不要钱，打多少交多少，没有座机费，这倒挺好。因为我不会有太多的电话，除了与乐钢等人联系外。从网上看，手机应该今天送到，但到现在尚未送货，可能明天能送到。网一连通，心里顿时踏实了。

我们这里叫Raleigh–Durham（罗利–达拉姆），共有100多万人口。人口不多，但公路上比南京还繁忙。昨天读北卡州交通手册，说整个北卡州每年的交通事故在20万起以上，每年死于车祸的人在1500人以上，这个数字显然很恐怖。昨晚看Raleigh–Durham的地方台，说白天在公共汽车上发生一起枪击事件，公共汽车的玻璃上被打了一个洞，是三个17岁左右的黑人干的。具体为什么没听懂，现在警察正在悬赏捉拿这几名枪击犯。这种事在纽约经常发生，但看来连这个小城镇也时不时地发生。问题主要出在美国法律,因为任何公民都可以自由地拥有枪支!

我发现出不出国,至少对听力影响很大。我从纽约一下飞机直到北卡,没遇上什么语言上的障碍,因为即使你不懂英文,猜也能猜着。但在飞机上播音员说的话一句都没听懂——尽管你知道她在说什么!这使我感到很紧张。我买了个手机,到手后需要激活电话卡才能打电话,我本想没问题,但一开始就遇上麻烦了,她的意思是按一连串号码后再按"※"键确定,但她说这个"※"键时我没听懂,最后只好请Lori帮忙。现在我一到家里就把电视打开,里面播什么不重要,重要的是我要熟悉和习惯这些每天从卷曲的舌头里发出的古怪声音。我们的秘书助理Lori说话很快,她说话像是在卸重担,要尽快地卸掉。她倒是卸掉了,别人可就累了。今天下午她给我讲怎样上校园网,怎样在网上与学生建立教学联系,怎样布置作业、考试、打分等,我全神贯注地听着,像是聆听领导的指示一样,听得我一身汗!因为我要给学生上课,所以不能像其他刚来美国的人一样,英语任其自然向前走。要尽快将语言关过了。明天开始上课,今天已给每个学生发过邮件,把教学大纲发给每一个学生。我这门课有12个人选,这是最多的了,因为教室只能容纳13个人。据说还有人想选,但选不上了。假如中途觉得没意思而退出,也是可以的。不过若是少于5个人,这门课就开不下去了。若是这样,授课老师就有问题了,或再通过其他课时补上;若补不上,可能就会被辞退。这就是美国!但愿我课上的学生不会少于5人!虽然我只是临时老师,无所谓,但会让请我的教授脸上不好看,于自己名声也难堪。

1月10日

早上大雾弥漫,很像三峡,校园里美极了。中午下了一场雨,下午却又阳光灿烂。这里有的中国人穿着冬衣,或至少穿毛衣;白人则穿得非常少,有的甚至穿跨栏背心和短裤,更有夸张者,竟然穿着拖鞋;黑人也穿得很少,但他们穿得很特别,特别是年轻人,流行低裆裤,有的低到迈步都困难。大多黑人喜欢穿带帽子的

图 2　北卡大学校园里的标志性建筑

外套或坎肩。你会经常看见一些大胖子,胖到你难以置信。下午上课,三个亚洲人,八个美国人,包括一个黑人。亚洲人一个是韩国人,两个是中国台湾人的后裔,汉语讲得很好,但阅读有问题。班上整体水平比我想象的好,所以上起来不太费劲。上午见到李文丹(北卡大学亚洲研究系教授,李立三的孙女),她是上学期教这门课的老师,我从她那里学到不少东西。她是20世纪80年代从湖南来美国的大陆学生,交流起来比较舒服。下午在电梯里碰到一个老教授,典型的西方老头儿，一头银发，他用标准的京腔问我：您是汤惠生先生吗？当时感觉像在梦里！他用道地的中文与我交谈，令我大吃一惊。聊了一会儿，才知道他也是 Asian Studies 的教师，叫武文和。他教的课更让我吃惊，居然是古汉语！当然，他是用英语上的课，但也足以使我对 Asian Studies 刮目相看了。

1月11日

办公室电脑老关不上，Rob 下午来随便一动，好了！中午李文丹请我吃饭，她在美国已经打拼了20多年，读的是教学法，等于是我的上司，我这门课上个学期她上，这个学期我上。有她的关照，情形好多了。她在 UNC 已经六年了。今年是决定她终身的一年，能否拿到 Tenure（终身教职）就看今年了，如果拿不到，她就必须另谋职位。Tenure 是美国唯一的铁饭碗。昨天谈到的武文和今天又见面了，他是地道的美国人，叫 Eric Henry（埃里克·亨利），今年已经60多岁了。他在 UNC 已经教学30多年了，但现在只是个讲师。他60年代在越南当过美军翻译，所以也懂越南语。他60年代毕业于耶鲁大学汉学系，应该说相当厉害了。20世纪60年代欧洲汉学主力转到美国，变成中国学，耶鲁便执中国学之牛耳。武文和看上去是个老夫子式的冬烘先生，最大的爱好是读《左传》，最喜欢的人是秦穆公！在美国挂在车头的车牌图案字样可以自行设计，据说他的两辆车中一个车牌是春秋，另一个是战国！混了一辈子只是个讲师，但他无所谓，只要让他读《左传》，有口饭吃，其他均可不计。他现在在翻译刘向的《说苑》，与其说在翻译，不如说是把自己放置在中国古代的氛围之中。

似乎已经是春天了，校园里到处都是穿背心和短裤的人。春节在这里过一定很温暖。

1月12日

新闻报道说美国截至昨天人口普查结果为297900000人。人口统计局预计到今年10月，美国人口可能超过3亿。其计算方法是每8秒钟出生一个新生儿，每12秒死一个人，每31秒迁入一个移民，这样平均下来每14秒增加一个人。所以好多妇女计算着如何在10月左右生下一个孩子以便成为第3亿个美国居民。

今天看电视，说 Chapel Hill 一所中学的学生大白天被抢劫，电视所有频道都在播。下午与 Pat 聊天，她刚从华盛顿度假回来，她说华盛顿的治安情况糟透了。她听说我可能去华盛顿玩，她马上来对我说，去华盛顿一定要小心，住旅店一定要住希尔顿之类的，小旅店太不安全，等等。大城市的治安会这么糟糕吗？我不太相信。不过几乎所有的人都告诫我说以后去纽约一定要提高警惕，许多街区是绝对不能去的，有些街区天黑以后也是不能去的，说得非常恐怖。看来现在大城市的治安糟糕已经成了世界性的问题了。不过 Chapel Hill 包括 UNC 的治安是非常好的。我1992年在意大利的罗马、米兰等大城市也没这么动不动担心被抢劫，我在巴黎凌晨2点以后从香榭丽舍大街一直走回旅馆，也从未担心过。也许美国人人可以合法有枪，情况不太一样。

这个周末争取把西藏考古的教学大纲完成。

1月13日

今天看新闻说麦加朝觐发生踩踏事件,死了300多人,其中有4个是中国人。

今天将西藏考古的大纲写完给李峰寄去了,等消息吧。昨日同时也给美国国会图书馆寄走了经费申请书,3月初才能有消息。

昨天乐钢请我在香港人开的自助餐餐馆吃中国餐(一人10美元),来美国后第一次吃得如此合口。

图3　教堂山富兰克林大街街景

1月14日

天气温暖，阳光灿烂，许多学生都穿着短裤和背心，这种景象使你不敢相信这是一月的冬天。学生们觉得外面阳光太灿烂了，提议到外面草地上上课，我说好。可到了草地上之后我才发现，草地上根本不是上课的地方，周围到处都是诱人的景物，不可能集中精力讲课或听课，大家坐成一圈聊天吧！我向他们宣传了考古界的喝酒风气，当即 William（威廉）说哪天请我喝酒，而且喝到醉为止！说起酒，我到美国后滴酒未沾，还真有点馋酒了。想起去年冬天在重庆邹后曦请我在重庆酒吧喝酒，一口气上了 24 瓶，那种气势真有些怀念。校园里很多 12—14 岁的小女孩在卖饼干，这种饼干的名字叫 Girl Scouts（女童子军）。这是美国一家饼干公司专门为 14 岁上下的女孩制作的饼干，只能由她们卖，用以锻炼她们的做事能力。但凡遇到这种，大人们一般都买一盒（3.5 美元），尽管价钱不菲，但算是对小女孩的鼓励吧。在美国一向吝啬到自虐程度的我今天破例买了一盒，因为卖饼干的小女孩有点像飞飞。味道还不错！只是太美国式了。

看书吧，Margaret（玛格丽特）给我们布置了两个礼拜的课外读物，我还一个字没看呢。

1月15日

UNC是美国的一座名校，据美国权威刊物统计，按照性价比来看，UNC排名美国第一，即用最少的钱受到最好的教育。UNC之所以有名，主要是因为它是美国第一所公立大学，而且它的诞生直接受益于美国《独立宣言》，因为《独立宣言》中曾提到要由政府出资建立一所或更多的大学。

《独立宣言》的通过是1776年的事。UNC大学第一座建筑叫"Old East"（旧东方），建于1793年，是由一个叫Davie（大卫）的建的，建好Old East后，他又在其周围种植了许多白杨和橡树。如今这些树已经长成参天大树，似乎象征着UNC的成长与壮大。Davie被认为是UNC之父，为了纪念他，这些杨树被称作Davie白杨，学校最大的图书馆叫作"Davie's Library"（大卫的图书馆）等。UNC有自己的电台和电视台，昨天居然是UNC电视

图 4 UNC 大学的第一座建筑

台成立 50 周年纪念日。

据称 UNC 的图书馆在美国也是名列前茅，可能此言不虚，UNC 的图书馆的确令我印象深刻。原来觉得乐钢的话有些夸张，但随着对 UNC 图书馆了解的深入，觉得乐钢的话只是事实描述，毫不夸张！Davie 图书馆是一个综合图书馆，此外还有十几个专门图书馆。全校图书管理员有 300 多人，一般图书馆都是开到半夜 12 点，有些图书馆如本科生图书馆则通宵达旦，从不关门。所有的图书馆对所有的人开放，只要你办一个图书证。图书馆里座位非常多，不像中国大学里，要抢座位。电脑也非常多，可以随便上网，可以在网上登录中国学术网，查阅中国学术刊物。全校图书馆共有图书五百多万卷（册），微缩胶卷四百多万卷，政府文件两百多万份，档案资料两千多万份，此外还有几百万套电影电视资料，等等。美国《独立宣言》的原本就收藏在档案资料馆内。UNC图书馆藏书中最著名的是美国南方庄园、种植经济、奴隶制等方面的历史档案资料，在全世界都是首屈一指的。只要是研究美国南方历史，就必须来UNC查资料。

我已扫描了50余本书，心情如掘得宝藏一般。UNC图书馆美丽、舒适、方便，定然会成为我以后永远怀念的地方。

1月16日

William动作还真迅速，今天下午就把我带到Bob（鲍伯）酒吧去了。William在美国海军陆战队当过兵，酷爱中国功夫。Bob酒吧人很多，几乎都是UNC的学生，大多是白人，有色人种很少，不见中国人。下午阳光灿烂，人们喝的是清一色的啤酒。我与William喝了一扎，大约5美元，很便宜。UNC学生把下午喝啤酒叫"Leisure

Afternoon"(悠闲下午),我觉得很贴切,这里的气氛的确很悠闲。但天气暖和得像夏天,许多人穿着短裤背心和拖鞋,你不敢相信这是 1 月的冬天。喝完一扎后我们又去他朋友那里喝啤酒。他朋友共 7 个人住在一个公寓,都是单身汉。据说这里是 Chapel Hill 最热闹的公寓。都是大老爷儿们住,公寓里脏了点,乱了点,但比我国大学生的宿舍和公寓宽敞和豪华多了。今天是我来美国第一次畅快地用英语聊天,有一种舒服的感觉。William 和他的朋友说

图 5 教堂山的 Bob 酒吧

我的英语像美国人一样，这显然是恭维，但我觉得听力和表达确实都比之前好多了。

有趣的是酒吧经常是警察检查的地方，不查别的，而是查你的 ID（身份证），看你够不够 21 岁。法律规定不够 21 岁是不许喝酒的。美国的啤酒似乎比中国的要淡一些。两个月没喝啤酒，今天一喝，感觉还真好！3 月 13 号到 17 号是春假，大家都在规划去哪儿玩，我去哪儿呢，图书馆？

1 月 17 日

看见了吗？这就是 UNC Davie 图书馆的扫描中心，在这里我往往一待就是七八个小时，这是美国我最熟悉的地方。有时我在想，都这岁数了，干吗如此用功？再过两年就退休了，何必跟自己过不去？可反过来一想，不看书，不做学问，还能干什么？还想干什么？看书写文章已经是一种生活方式，若要改变，不但不是解脱，反而是痛苦。读书读到这个程度已经完全是废物一个了，书以外的任何事都不会干了，其实也挺可悲的。所以我的学生问我春假去哪儿玩,我说去图书馆。他们觉得太不可思议了,问我这么辛苦干吗。其实我一点都不觉得辛苦,反而在图书馆心安理得得很。每发现一部好书,我都非常激动,想着会解决一个学术问题,其实回去后很可能再也不会看了,时间一久甚至会记不起这本书。可有什么办法?贪婪,是学术上的贪婪,我们将此美化为"求知欲"。

昨天像夏天,而今天却是一副严冬的样子,外面大雪纷飞,不过尚未落地,便已融化。北卡的天气变化得真快!今天与乐钢去Food Lion(狮王食品)购物,想戒烟,

图6　我每日扫描图书的地方,每天都是我的包场

但恐怕一下难戒，又买了一条"骆驼"，慢慢戒吧，万一猛然戒出问题呢！

1月18日

我住的城市叫"教堂山"，相当于中国的一个小镇，可能与武陵镇差不多。这个城市的主要居民是UNC大学的学生。所以这个城市主要是为学生服务的，主要街道上号称有100多家饭馆，包括两家中国餐馆，不过里面的盒饭难吃极了。一个人吃饭的话，一般在5美元左右，可能是一个汉堡（或三明治等），一个汤类和一杯咖啡，属于快餐类。如果一天三顿都在饭馆里吃，一月的伙食至少要在400—500美元左右（这只是中国人，而美国人则至少要600美元），而自己做饭的话，只要150—200美元便可以了，而且可以吃得很好。在美国吃和穿应该算最便宜了。最贵的是住，然后是医疗、行。这里一般人的工资在3000—5000美元，吃饭据说只占18%，应该说生活还是很好的。这个月是我在美国的第一个月，应该花费要多一些，但估计生活费也只有100美元左右！但住则要350美元（加电费），这在美国也算很便宜了。若在纽约或波士顿，每月房租没有800美元你想都别想。

这一周开始忙起来了，主要是我在这里选了两门课，上两门课，加上阅读材料，那就非常忙了。这样好，会迅速提高英语水平。过两天是周末，在家好好休息一下。昨天在电脑上装上了中央台的网络电视，可以在线观看春节晚会了，感觉离中国很近！互联网真正实现了天涯若比邻！

1月20日

昨天又有一个小伙子来看房子，因为老姜（房东）在网上做了广告，看房的人多，却不见有人租，看来这个房价偏高。昨天来看房的是个小伙子，叫小温，说话有些结巴，是个很有趣的人。他说他16岁上高中就来美国了，至今已经10年了。大学读的是北卡州立大学，比北卡大学档次低一些，学费也要便宜一些。他大学毕业5年了，至今尚未找到工作，他学的是机械工程专业。找不到工作他说有三个原因，一是他的专业已经很过时了；二是他毕业的学校也不是很好；三是他说自己不努力，学得不好。有两年是靠他在上海的父母给他寄钱，一个月要寄6000元人民币。他靠打零工度日，至今找不到一份正式工作。在美国打零工每月工资不会超过1000美元，他现在在附近的一家旅馆打工，每月700美元。不过他似乎已经很高兴了，而且说下半年工资肯定会涨。我问他涨多少，他说会涨到1000美元，不过1000美元工资就要扣税，剩下800美元左右。这就是学习不好的孩子，父母不但供他上学，而且还要供他在美国生活！可怜天下父母心。我问他为什么不回去，他说回去可能也找不到工作，说的也对，本科毕业回国当然不容易找到工作，即便你是美国本科。我问他为什么不争取奖学金，他说他学习不好，所以拿不到奖学金，也不想上了。他也不会做饭，每天都是在超市买冷冻食品，一块五一份，他一顿吃两份，也就是说他吃饭每天在10美元左右，一个月300美元，住需要300美元，然后100美元就是话费、电费、汽油费和其他零花了。他今年已经26岁，但尚未结婚，连女朋友也没有。跟他聊了一个多小时之后，我发现我说话也开始结巴了!

1月21日

跟我们南师差不多,这里好几个系共用一栋楼。Asian Studies 所在的楼叫 Alumni Hall(校友楼),美国大学管教学楼都叫 Hall,在英语中是大楼、大厅的意思。这个楼共有 Asian Studies(亚洲研究)、Anthropology(人类学)和 Research Laboratory of Archaeology(考古研究实验室)三个系。考古说是一个系,但实际上是人类学系下面的一个实验室。有趣的是北卡大学还有一个叫 The Department of Classics(古典系),用我们国家的分类应该属于"美术考古"。它这是真正的美术考古,因为从事的是古典时代到中世纪的罗马和希腊研究,当然古典系不仅仅是古希腊罗马时期的考古,还包括语言、神话、历史等。在他们的教学大纲上面写着提供古希腊语、拉丁语、美术考古以及中世纪研究的本科、硕士和博士课程。这个系虽然小,却很有名,共有教师等正式职员14名,25名研究生,34名本科生。我准备选两门他们开设的

图 7　教堂山北卡大学的标志牌

课,但看了看他们开的课,都是围绕古希腊罗马而开设的,对我不合适。考古仅仅是他们的一门课程,而非专业。我觉得这种做法值得我们借鉴,也就是说,至少是历史系的研究生,应该将相应的历史时期考古作为一门课程,并且参加发掘实习。我选的考古学理论课程,每周两次,每次都布置大量必须完成的阅读材料,上次布置了近 200 页阅读材料,我已经读了两天了,才读了一半。这些材料对美国学生不成问题,而我阅读速度太慢,问题就多了。都是 PDF 文件，只能在电脑上读，读得我有些恶心了。我今晚必须读完，星期一要围绕这些材料分组讨论和写评述。今天下了整整一天的雨，冷飕飕的，周围一片死寂，感觉有些凄凉。

1 月 23 日

今天又一次听 Billman（比尔曼）博士讲授 Principles of Archaeology（考古学原理），果然情况好多了，应该听懂了 80%。他以他 1998 年在 Colorado（科罗拉多州）发掘公元 1100 年的史前印第安遗址（注意：对于印第安人来讲，公元 1100 年应属史前，因为他们的社会形态是史前，英语 Pueblo 一词指的是原始印第安人村庄）中一些有关食人的考古现象而展开分析与讨论，主要集中在对待问题时所使用的方法论与理论。他将一般论文所使用的理论分为 Low Level Theory（低层次理论），Middle Range Theory（中程理论）和 General Theory（一般理论）。当然，他所讲的都非常浅显，但对我来说是训练专业英语听力的好机会。

1月25日

今天是星期三，还有两天就是我到美国整整一个月的日子了，过得还算快。上午李文丹给我发封邮件，问我愿不愿意下半年继续在北卡教中文，并说学生们对我非常满意。坦率地讲，下半年去哥大教西藏考古对我更有诱惑力，但我心里还是忐忑不安，一点底都没有。所以李文丹的建议还是令我心动的。再看看吧，过一段时间再决定。

昨天从图书馆借了18本考古方面的书，本拟复印，但乐钢说何不将其制作成PDF文件带回去，我觉得这是个好主意，但目前还不会制作PDF文件，找机会学一下。马上到春节了，不过在这里一点都感觉不到过年的气氛。对于我来说，过不过春节都是无所谓的。这两天一天到晚都在读书，看得头昏眼花，不过好像收获确实挺大的。

昨天小温又跑过来了，说已经决定搬过来住，也好，有个伴儿。我在意大利一个人住了半年，似乎一个人住更自在一些。上午小赵（原来跟我住一起的小李的女朋友）来取信，又与她聊了聊，她是北大化学系本科毕业，后托福考了610分，GRE考了2200分，之后她写了20多封信，便申请到3所大学的奖学金，最后她选择了北卡。奖学金是每年18000美元，税后每月约1200美元，这个钱在北卡能生活得很充裕了。她在这里读硕士和博士的费用都是靠奖学金，根本没打过工，而且有奖学金的学生不允许打工。所以如果想到美国留学，其实非常简单，就是考奖学金来，这是最好的途径。不过现在美国绿卡很难获得，小李他们马上面临着回国的选择，因为他们的学生身份一旦结束，若还未拿到绿卡，就不得不回国。

1月26日

每天都给自己设一个目标或任务，如果完成了，那就是充实的一天，会使自己感到每天都在进步，每天都有收获，从而有一个好心情。我觉得这是一个好方法。今天学会了制作PDF文件的方法，并安装了相关软件。UNC的Davie图书馆可以免费扫描和制作PDF文件，它有5台扫描仪可供使用，这样便省却了复印的费用和携带的麻烦。以后每个周末都可以去图书馆将需要的书籍扫描下来并轻松带走，这使我非常高兴。我来美的主要目的之一就是查阅资料，如果可能的话，我准备将这个图书馆所有与我的研究相关的考古书籍全部扫描下来，这真是一件值得高兴的事。我浏览了一下，值得扫描的书籍大约在300本左右，一天差不多要扫一本，这并不是一件轻松的事。如此一来，便意味着我从此以后就没星期天了！

今天是26号，后天就是除夕了，但似乎没什么感觉。

1月28日

今天是除夕。如果不是周末的话，甚至想不起来今天是中国最重要的节日。昨晚乐钢带我去一个中国人家过春节。一如中国，大家喝酒吃菜，包饺子，看春节联欢晚会。不过晚会节目是录制的。他们固定的几家每年春节都在一起过，以联络感情，也慰藉一下思乡之情。

昨天下午转了转杜克（Duke）大学。杜克大学离UNC只有半个小时的车程，在美国大学排名应在前十以内。与UNC不同的是，杜克大学是私立学校，每年的学费将近40000美元，而UNC是平民学校，每年学费只有16000美元；如果是北卡籍的话，则只有4000美元。相比之下，杜克大学应该是贵族学校了。两校相去不远，但在建筑风格上完全不同，UNC是红砖或白色等浅色建筑，建筑低矮；而Duke建筑像欧洲的青石建筑，中心是哥特式教堂，看上去森严华丽，那里的学生开的车比教师的都要高级。UNC没有学生停车场，但Duke有，因为这些贵族学生的家长每年都要给学校捐几百万美元，所以他们的学生比老师都要牛。听说每年学生毕业临走时，这些贵族学生就将所有的东西都当垃圾扔了，其中包括高级音响、电器等，每年这个时候附近许多黑人便在学校垃圾箱处等候。Duke大学教室或学生宿舍前有许多长凳子，造型古怪，看上去似乎不是用来坐的。后来一了解才知道这些凳子的确不是让人坐的，而是让人烧的。在美国大学，篮球和橄榄球非常普及，而且球队水平很高。杜克大学的篮球队水平也很高，当然他们的铁杆球迷就是杜克大学的在校学生。不过每当杜克大学输球后，这些学生都很难过和气愤，必须要找个发泄愤怒的地方，因为这是人权的一部分，他们要得到充分的发泄，方式就是烧东西。这些凳子是专门供其发泄愤怒使用的。他们在烧之前必须说好谁赔偿，当然都是那些富家子弟负责赔偿。

杜克大学在 Durham（达勒姆）城里，创办杜克大学的杜克是这里一个靠烟草发家的人，他叫 James Buchanan Duke（詹姆斯·布加南·杜克）。美国南北战争时，人们都打仗去了，种植园里的烟草都烂在地里没人管了，而杜克认为仗总得打完，打完仗后，这些烟草便可换来一笔大收入。于是他雇人将所有无人管的烟草都囤积起来，南北战争结束后，杜克果然发财了，杜克成了美国的烟草大王，杜克大学也是他创办的，现在有杜克电力、杜克药业、杜克餐饮、杜克影视等，已经成了一个无所不为的公司了。不过处在美国的后工业时代，像烟草这种工业已经在美国境内不存在了。Durham 这座城原来是美国南部生产烟草的重镇，也因烟草属于夕阳工业，所以 Durham 城也败落了。原来的厂房依然，有些改成了旅游点或商店，大多数则空置着。大街上非常整齐干净，店面非常漂亮，建筑也很考究，但就是没人，就像现在的武陵镇一样。Durham 非常没有人气，房子非常便宜，据说要比 Chapel Hill 的房子便宜一半。大量的黑人和拉丁人涌向 Durham，因为房子便宜，成了穷人聚集的地方。

1月29日

今天是大年初一，当地的华人社团组织了一台庆祝节目，在UNC的礼堂上演，一张票8元钱，李文丹请我看。坦率地说，这是迄今为止我看过的最糟糕的演出节目。全部都是业余的，而且看得出来没花多少时间去排练。不过使我感到奇怪和感动的是，这些演员都是自发组织起来的，所有的服装道具等都是自己想办法制作和购买的。整个演出形式全部模仿中国的节目演出，最令人惊奇的是，这个可以容纳1500人的大礼堂，居然是座无虚席，人们不时地报以热烈的掌声。中国文化几千年来生生不息，就是靠着这种内在的凝聚力：吃中国饭、说中国话、过中国节等。年过完了，明日开始上班了，突然想起《牛虻》中的一句话：杂耍结束了。

1月30日

今天去图书馆扫描书，忙碌一天，仅四本耳，尚感累甚。忽悟年已半百，却不知老之将至！每日读书，有大量的生词，旋记旋忘，奈何？都说人过四十不学艺，现在记单词跟学艺无二，诚哉斯言，看来自然规律不可违。今天上课时见有人手里拿着一本特里格的著作：*A History of Archaeological Thought*（《考古学思想史》），但图书馆没有，不知他们是在哪里买的。这本书与我的艺术思想史不谋而合，英雄所见略同。

2 月 10 日

终于又有时间坐下来写日记了。这是二月份第一次写。今天是 10 号，日记变成旬记了。一直在听 Margaret 的考古理论课，她布置的课外读物太多了，我是根本完不成的。今天与 Duane（杜安）一起吃午饭，他说他也读不完。Duane 是今天我要介绍的主要人物。UNC 人类学系编号 ANTH205 的课程是研究生的考古学理论课程，老师是 Margaret，一个 50 岁左右的女的。此外还有三男四女（不算我），其中有一男的岁数与我差不多，我一直感到非常奇怪，我不知他是干什么的，因为他是个地道的美国人。

无论他是干什么的,你都不可以直截了当地问他。

美国20世纪60年代提倡新考古学,70年代就以"过程考古学"而代之,80年代后英国考古学家Hodder(霍德)又以后过程考古学而代之,其间最主要的原因之一就是对进化论思想的理解所引起的。我问如果有些年代不远的需要进行相对年代的断代若不用类型学将如何解决,她说类型学同样也解决不了相对年代的问题,仍需依靠现代科学技术来解决,并说现代断代技术没有解决不了的年代问题。说到这里,我真是无言以对。因为我的确对碳–14和AMS(加速器质谱测年)之外的断代手段不了解。UNC人类学系的老师特别愿意提新考古学,因为新考古学的领袖宾福德的本科就是在UNC读的,他应该算是UNC的学生。Duane看出来我比较窘迫,下课后他主动与我搭腔,说"Can we have lunch together?"(我们可以一起吃午饭吗?)请注意,美国人说这句话的意思绝对不是请你吃饭,而只是一起吃饭,各付各的账。我知道他只是想缓解我的尴尬而已。吃饭时与他聊天,倒也了解不少东西。他原是伊利诺伊州一家博物馆的馆长,是个考古学家，出过很多考古书和文章。他有4个女儿，最小的在上大学，其他的均已参加工作。前年他与他妻子离了婚，后来与 Chapel Hill 的一个女的好上了。这个女的在 Chapel Hill 有家商店，所以他就跟着来了。来到 Chapel Hill 后发现自己割舍不下考古，于是又去 UNC 读研究生，反正待着也没事干。他今年已经51岁了。我问他以后怎么办，他说他也不知道。反正现在读书学习，与考古在一起感觉很好。他说硕士研究生毕业后再接着读博士生，毕业后就退休算了。我是无论如何做不出这种事的。

这些日子一直在图书馆扫描资料，居然认识了不少人，而且像我这样的居然不在少数。Priscila Campello（普里西拉·康佩洛）是一位巴西姑娘，她说英语时的口音与我听意大利人说英语的口音是一样的（其实意大利语与西班牙语的区别就如同山西人和四川人的区别），而且她的长相与我的师妹很像。我奇怪长相是否跟说什么话有关，长相可能跟着语言走。我们经常在一起扫描东西，所以逐渐也就熟悉了。她跟我一样，是来自国外的 Visiting Scholar（访问学者），同样也是自己国内一所大学的教授，是搞西班牙文学的。她来 UNC 已经一年了，下个星期二回巴西。在这一年中她天天去图书馆查资料，扫描资料。她说这是一种非人的生活，她已经忍无可忍了，好在她终于出头了，现在马上就要回家了。她言语之间非常高兴，竟有些得意或可怜我！跟我的情况差不多，巴西政府每月给他们 1000 美元，她在美国期间工资减半（全额工资每月 800 美元），与南师情况如出一辙。她约我星期一下午一起喝咖啡，听我聊中国，或听她聊巴西。她说巴西是世界上最好的地方，而美国没劲，UNC 的学生一个个跟老头似的，远不如巴西的年轻人热情、率性和开朗。不过我看她跟美国人差不多，可能是在美国待久了的缘故。现在汉语在美国简直热得不得了。昨天在校园里忽然被一个 40 来岁的女人拦住（这在美国是很少见的），问我是不是中国人，我说是。然后她便用蹩脚的中国话说"我跟我的女儿正在学汉语"，问我听懂了没，我说听懂了，于是她便得意地又叫又跳。后来她喋喋不休地用典型的美国式的夸张口吻说中国如何如何好，汉语如何如何有用，以后是汉语的天下，等等。看来文化的流行的确与经济密不可分，美国媒体也经常宣传中国的崛起，甚至到了夸张的程度。这对一般民众影响甚巨，不，应该是导向。美国人特别相信媒体。

现在我正在考虑是留在 UNC 呢，还是去哥大。

2 月 12 日

今天是元宵节，昨晚乐钢把我叫到他们家吃饭，他要不说，我都想不起来元宵节。小郭做的梅菜扣肉，味道好极了，小郭的手艺变得精湛起来了。其实是什么日子倒不重要，重要的是节日氛围。过几天就是情人节了，但 Chapel Hill 一点节日的气氛都没有，远不如南京、北京的情人节气氛。时间过得很快，转眼又是一个礼拜，但 Margaret 布置的书还没看几页。每天在图书馆像是在逛商店，真是流连忘返，每每都有令人惊奇的发现。前两天看到伦福儒和丹尼尔合著的《史前史学术思想》，两人都是大家，写得极其精彩。今天在图书馆看到 2003 年出版的一本奇书，叫《环锯钻孔历史、材料与理论》，因为我国新石器至青铜时代都有颅骨钻孔的考古材料，我在《烟雨三峡》中曾涉及这个题目，但因材料太少，未做深入研究，但这本书却搜罗了全世界的材料，洋洋大观，看得人惊心动魄。也许我的硕士生的毕业论文可以做这个题目。

2月13日

小温其实是一个挺好的孩子，优缺点都突出。我最受不了的是他的自言自语，非常严重，我老觉得他是和我说话。后来稍稍习惯一些后便注意他说些什么，一听，更受不了！他老报账：买饮料3块2角9分，买洗洁净1块2角，等等！这肯定是他口吃造成的，想私下里练习说话。口吃肯定影响他找工作，时间久了会觉得他蛮聪明的，也很有教养。昨天Duane送我了一本特里格的 *A History of Archaeological Thought*，我真是喜出望外，因为这本书图书馆借不着，自己有一本总好一些，特别是某些经典，需反复阅读。Billman送我一本他编选的 *Spacial Archaeology*（《空间考古学》），我还受宠若惊，原来他想让我给他的学生做个关于中国考古学的讲座，Duane也是这意思，并且是受了Margaret的委托。看来为了两本书我把自己给卖了。昨晚工作到两点，申报了一项2006年的国家社科项目。受特里格的启发，我觉得中国考古学界缺乏理论，或意识不到理论的重要性，完全是一种史学意识或史学精神的缺乏。尽管史前考古与史前史联系在一起，但史前考古所强调的主要是田野技术，搞史前考古的一般都不重视理论。整个中国传统文化是自律文化，更多是约束人们的行为，你能做到便是"君子"，但西方文化中光做"君子"还不行，除了自律外，你还得进取，你要做"绅士"。这就需要有一套监督体系，即宗教道德价值体系。

2月14日

思想上想去哥大，身体上想留在北卡。李峰昨天来信说他们新来的一个负责西藏研究的教授Gray Tuttle（格雷·塔特尔）对我的教学大纲非常赞赏，估计Amy Hiller（艾米·希勒）为我说了不少好话，他极力主张我去讲西藏考古，并准备把这门课开成他们的特色课。这对我是一个莫大的鼓励，只是这门课的英文材料太少，主要是指课外阅读材料。不过他们准备申请一笔钱，在我上课前请人翻译一部分关于西藏考古的中文材料,这样便可以临时解决英文材料缺乏的问题。哥大我真的很想去,而且在纽约!超人、蝙蝠侠、闪电侠都在纽约。但 UNC 待着很舒适,而且乐钢对我非常关照,在这里教中文的确是一件非常轻松的事情。按理说年已半百,应该悠着点,不必太委屈自己或强迫自己,但这是我最后拼搏的机会了,以后即使想拼搏恐怕也力不从心了,还是想最后再拼一把。不求结果,但求过程。

这几天在图书馆查书,收获不小,发现两本步达生和魏敦瑞写的北京猿人的书,还有凌纯声写的关于江南土墩墓和美国土墩墓的比较,以及石棚研究的书。这几本书为我目前从事的研究提供大量的资料。

2 月 20 日

今天北大社会学系系主任马戎在 UNC 讲"拉萨的移民",他是 1988 年就在美国取得博士学位的学者。现在的社会学完全是一堆数字的堆砌,看不出他有什么学术见解和观点。据说这就是学术潮流,朝着科学和客观的方向。

听讲座的人不多,大多是中国人。

2月21日

昨天听李文丹的课,她的英语非常漂亮,这在中国人中很少见。昨天和今天两天将 The megalithic European (《欧洲巨石》) 扫完了,共400多页,文件非常大,因为全部都是图。不过这本书非常好,几乎将欧洲的石棚现象全部包括了。今天到图书馆一查,石棚方面的书汗牛充栋,无法全部扫完,只能挑重点了。美国土墩墓的资料也非常丰富,也无法全部带回去。看来中国想要在世界上出头,还有些时日,还得一步一步来,逐渐积累。

2月23日

前天(21号)接到王好立(《中国社会科学》杂志的编辑)的信,信中说第三位外审专家同意发表我的文章,专家认为"关于类型学在考古学中的地位及其作用过去多有讨论,尤其是近些年对此方法的局限也逐渐被自觉的提出。文章对当下考古学发展的现状涉及较少,最后讨论的部分稍显空泛。但是文中所论有其合理性，如果对此展开深入的探讨，对中国考古学的进步是有意义的。同意发表"。从简约的文风来看，这位专家我估计应该是北大的。坦率地说，另一位审稿者的意见应该是很客气的了，我要否定中国学者们一辈子所从事的类型学，而他还能实事求是地加以评价，这已经很难为人了。

王好立建议我把关于进化论的东西加进去。今天刚改完稿子，并寄了出去。反正此事已完，能否发表由它去吧，再不管它了。我觉得在这篇文章上我已被折腾得心身疲惫。不过这几天在改稿的同时，又萌发出写一篇"进化论与考古学"或"进化论与史前史"的文章。进化论在考古学诞生之始就与之紧密相关，考古学所有思潮的嬗变总是与进化论的不同诠释和理解相关。这篇文章写出来，一定会有理论意义。

下午先改学生的作业吧。今天痛风又犯了，脚后跟很疼，但没吃什么诱发痛风的东西啊。但愿明天会好一些。

2月26日

在北卡大学逛图书馆是一件令人感到时光过得最快的事。刚来北卡的时候，乐钢带我去图书馆，对我介绍说北卡图书馆中的中文书收藏使不少中国学者大为吃惊，以致有些诸如搞明清史或地方志的学者认为北卡图书馆这方面的藏书量大大超过国内一般图书馆。当时图书馆中的中文藏书，的确给我印象很深，但绝对没有深到认为可以到这里查阅中文材料的地步，而现在我绝对相信乐钢的话并非虚言。

多卷本的《英藏敦煌文献》《敦煌石窟艺术》，以及那些大众化的影印本四库全书、二十四史、诸子百家、类书、方志、丛书以及明清笔记小说、丛考，以及现代出的《中国美术全集》等就不必说了，而那些在国内有可能被列为善本和珍本的书，或国内一般不好查到的书与杂志这里就有不少，如清光绪九年（1883）浙江书局出版的三百卷《玉海》，20世纪30年代中华书局出版的《古今图书集成》，光绪二十三年（1897）出版的《聚学轩刘氏丛书》，民国二十三年（1934）中央研究院历史语言研究所出版的陈垣的《励耕书屋丛刻》，清末江阴人徐乃昌标集的《积学斋丛书》，顾廷龙主编的420卷《中国朱（硃）卷集成》，"中央研究院"历史语言研究所现存清代内阁大库原藏330余卷本的《明清档案》等。杂志的门类也非常多，考古三大杂志从创刊到现在非常完整。据称现在图书馆每年订阅的中文文科杂志门类在150种以上，还有许多中华人民共和国成立前的画报如《北洋画报》和中华人民共和国成立后的画报如《民族画报》《黑龙江画报》《福建画报》等。还有一些书虽然是小册子，但仍具有版本学价值，如1949年大连东北书店的《中国共产党章程》，1925年中华书局的王光祈的《东方民族之音乐》，民国三十五年（1946）的刘思训《中国美术发达史》，20世纪初出版的王国维线装本的《流沙坠简》（补遗），1955年上海学习生活出版社出版的尹焕章《华东新石器时代遗址》，1962年台湾商务印书馆色迦兰著冯承钧译的《中国西部考古记》等。据网上资料，我所在的南师大图书馆馆藏图书约265万册，居江苏省第三位。馆藏文献种类覆盖哲学、社会科学、自然科学、工程技术等门类。北卡大学仅中文文科书目的藏书，数量就达50余万册！这个数字尚不包括被称作"Folio"（合订本，多为杂志类）的图书，这实在不能不令人感到惊异。

当然，英语书就不用说了，许多19世纪出版的英文书毫不起眼地摆在书架上，唾手可得！仅以考古书为例，如根据英国考古学史格林·丹尼尔认为，最早使用"史前史"一词的是英国考古学家丹尼尔·威尔逊，他1851年出版了一本《苏格兰的考古与史前编年史》；同样是威尔逊1876年出版的《史前人类》；卢伯克1872年出版的《史前时代》等。这些书的封皮是烫金的，插图如中国工笔画或照片般写实，印刷是考究的，装帧是华美的，具有浓郁的19世纪的贵族风格。用一个词来形容，那就是"精美"。看着这些19世纪的图书如同没落的贵族般混迹于市井图书之间，心里顿时"升华"出一种做贼的欲望。北卡大学没有考古学系，只是在人类学系下设立一个考古实验室，另外在古典系下有一个类似我国美术考古一样的方向。所以很多考古图书，特别是中文考古图书我都是第一个借阅的人。石兴邦先生的《西安半坡》在国内可能已被列为善本书，而这里的两本却是崭新的，借阅卡片上是空白的。办理借阅手续的小姐费了好大劲才将该书过时了的登记系统换成新的登记系统,然后说了一句:This is an antiquity(这是一本古董)。她是说这本书是个古董,也可能指这本书是关于古董的。不过在我听来,也可能说我是古董。我在电脑索引中试着打上我的名字,一下蹦出7本书!这使我大吃一惊,因为迄今为止我写过6本书,而且在这里重名的可能性也不大。看过之后才发现是我在香港出版的一本书,后来又被台湾另名再版。其中《考古三峡》是2005年12月刚刚由广西师大出版社出版,而这里就已经收藏了。我来这里两个月,图书馆负责购书的管理员已经两次让我推荐我所需要的而图书馆又没有的汉语书目,但我想不出什么多卷本的图书好推荐,而一般的图书则查询和开列书名的工程量太大,书目太少我又不屑为之。"逛"图书馆现在成为我每天必做的事。所谓"逛",指的是每次查书,我都无法按预定目标来查询,开架式的查询使我查到所要图书的同时,会发现周围有很多可能比我查询的书更精彩或更符合我需要的书,一本一本地翻阅,拣出一大堆,结果拿一本不忍,一大堆又拿不了,最终留个"请勿归类,明日仍阅"的便条空手而返。本拟扫描一些新石器时代农业、陶器等起源方面的图书,结果一经查询,这个条目下有几百本,我顿时泄气了。不要说这么多扫不完,即使能扫完,也不可能读完,扫它何用?好书多到你不想读,望而生畏,这倒是我原先不曾料到的事。

脚很疼,但在查书时忘了疼痛,往回赶公共汽车时,却寸步难行!

2月27日

今天春风和煦,阳光暖洋洋的,天气一好,人的心情也就好了。这些日子有好事,也有坏事。好事是今天又收到916美元的工资,以后连续4个月都会收到同样的薪水,坏事是系里一些乌七八糟的事,令人心烦。不去想它了!今天突然发现校园里许多树似乎马上要开花了,不过这些树我叫不上名字。天气一好,美国人就恨不得光着身子出来,他们似乎一点都不能热。校园里满园春色。

需要扫描的书似乎越来越多,现在扫描已经是一件非常机械的工作了,不像以前每扫完一本书都有一种成就感，而现在更多的是一种绝望感，因为大批的书还在后面等着呢！痛风依然如故，走路一瘸一拐的，俨如病人。美国对残疾人非常照顾，到处都写着"Disability"（残障）的字样，意思是照顾残疾人。所以我在公共汽车上居然有人给我让座，生平第一次！感觉很不好。今天抵达美国整整两个月，感觉跟出国两年了似的。不过也很快，两个月感觉什么都没干就过去了。也不知道自己的英语是否比以前好了。

2月28日

今天与我教的学生Matthew（马修）去咖啡馆边喝咖啡边聊天。Matthew的汉语在班上可能是最好的，他在中国待过半年。他主动提出每个礼拜三下午和我用英语聊天，以提高我的英语水平。喝的是意式卡布奇诺咖啡，奶太多，太腻。已经有三四个学生提出要请我吃饭或喝咖啡，这使我警觉起来：为什么？是为了给他们打高分吗？今天气温74华氏度，约相当于24摄氏度，已经有点热了。昨天还是苞蕾的花今天一下全部绽放了，下午讲课时居然浑身汗津津的。

3月1日

下午与乐钢去 Food Lion 购物。沿途梨花正在怒放，一片白色，非常漂亮。这种梨树是一个叫 Stateford（斯塔特福德）的人专门嫁接过培育出来的新品种，据说专开花，不结果，且花期时间很长，故称"Stateford Pear"（斯塔特福德梨树）。

图8　被称作 Stateford Pear 的梨树，梨花正怒放

今晚 Chapel Hill 是不夜城。UNC 和 Duke 大学挨得很近,一方面两家关系很好,但另一方面两家又充满了竞争。两校最较劲的是篮球。前年 UNC 大学在全美大学生篮球联赛中拿了总冠军,当晚据说万人空巷,大家全聚集到 Chapel Hill 的市中心 Franklin(富兰克林)大街上狂欢。今年是 ACC 赛(Atlantic Coast Conference),即大西洋海岸盟杯赛中的一场,其实这场球赛谁输谁赢都不影响名次,Duke 是第一,UNC 是第十五,这已经是无法改变的名次。但这两个队是宿敌,所以谁输谁赢就关系重大了,这是个精神上谁压倒谁的问题。我的学生们对这场球看得很重,不过按今年的情况来说,UNC 的实力要差一些,大家对此都很清楚。但大家都情绪高涨,期待着奇迹发生后的狂欢,因为像美国这样文明的国家太需要一个借口来狂欢和发泄一下,平时的温文尔雅和彬彬有礼对人性的压抑太过深重!果然,奇迹发生了,UNC 以 83 比 76 赢了 Duke 大学!好了,狂欢吧!学生们疯狂地涌向 Franklin 大街,在街上点起篝火,人们围着篝火来回跳跃,或拿着酒瓶子站在街上乱叫、乱跳。认识的、不认识的相互击掌

图9 北卡赢了,学生们在街上狂欢(组图)

拥抱，这被称作 March Madness（三月的疯狂）。在大街上此时你千万不要盯着一个人多看，他或她完全可能跑来拥抱你，亲得你满脸口水。很多人都喝醉了，眼睛是直的，脚步是横的。尽管晚上天气很冷，但许多小伙子都扒光上身，涂以 UNC 球队的淡蓝色，手拉手在街上奔跑着，嘴里喊着"Go, Tar Heel！""Tar"是沥青，"Heel"是脚后跟。据说南北战争时，南方（指的就是 Chapel Hill）的士兵作战非常勇敢，从来不知后退，好像脚后跟上粘着沥青似的。所以"Tar Heel"就成了 Chapel Hill 的代称，而 Chapel Hill 的人就成了"Tar Heels"。警察早就做好准备了，UNC 赢了就在 Franklin 大街上准备好，严阵以待；如果 Duke 赢了，就在第 19 街上准备着。天空中直升机悬停着监视和拍摄录像。

这也算是一种典型的美国文化吧。

3 月 4 日

英国老首相丘吉尔在访美之后曾给过一个中肯评语，那就是"报纸太厚，草纸太薄"。"草纸太薄"倒是无从比较,还没去过英国,但"报纸太厚"的确不虚此言。我在这里算是与外界没有什么联系的人,但各个商场每天塞到我邮箱的垃圾邮件简直可以以斤论。这儿的地方报纸有好几家,最大的一家是《The Daily of Tar Heels》(《沥青脚后跟日报》),每期竟有十几页之多!美国对纸张的消费可以用"惊人"两个字,但好在美国人很注意报纸的回收,许多地方都设有一个大桶,上面写着"Paper Recycle"(报纸回收)。你很难看到满天纸张或塑料袋的情景。我同屋小温前天收到一个25美元的罚单,就是因为他把一个纸盒子扔到不该扔纸盒子的垃圾箱里,而且那纸盒子是一个邮件的包装,上面有他的姓名和地址。美国地面上除了树叶草木之类的,你几乎看不到其他东西。美国清洁工打扫马路时不用扫把,而是用马力强大的柴油吹风机把路面上的落叶等吹到草丛里。被吹过的地面纤尘不染,所以美国人到哪里都是席地而坐。

今天又热了。北卡是来自加拿大的寒流和来自墨西哥湾暖流交汇的地方,所以今天是夏天,明天很可能就是严冬,天气变化很大。不过我想寒流天气会越来越少的。

全校都在筹划着怎么过春假,美国学生对春假看得很重。我准备在春假期间疯狂地扫描一些书,要把我所需要的书基本上扫描完,因为很可能下学期去哥大,去认识一下各路侠客。

这两天读 Mark 的关于西藏史前考古文化的文章,写得不错,尤其是他作为一个不懂汉语的西方人来说,竟然比像我这样在青藏搞了 20 多年考古的中国人写得还好,我以为主要是方法论的问题。美国先进的理论与方法论决定了他们在各个领域的世界领先地位。看来仍需学习、学习、再学习。

令我感到惊奇的是,美国也过"三八"妇女节。当地有个酒吧以专门谈论体育和抨击体育人或与体育有关的事而闻名,叫"Fair Game"(这个词的意思是"受攻击的对象、受欺侮或嘲弄的对象、法定可猎取的鸟兽"),但今天他们准备由女人主持和参加,以示庆祝"三八"妇女节。所有女人均可由此正大光明地发泄对男人们的不满,甚至攻击男性。

3月8日

实际上很多人只有离开家离开祖国，才觉得家和祖国的重要。其实每当我在外面时，就非常想念家和家人，想念中国，特别是到了国外。我来到美国后总觉得心头沉甸甸地老压着个东西，细细想来，竟是思念，其如此有分量。英语中想家叫"homesick"，引申为家乡病。很准确，思念是一种病，而且这种病无药可治。英语中还有一个词，叫"nostalgia"，来自拉丁语，译作"怀乡病"，也是病。今天听于魁智野猪林中林冲夜奔一场戏，其中有"彤云低锁山河暗，疏林冷落尽凋残，往事萦怀难排遣，荒村沽酒慰愁烦。望家乡，去路远；别妻千里音书断，关山路隔两心悬，讲什么雄心欲把星河挽……满怀激愤问苍天，问苍天，万里关山何日返；问苍天，缺月儿何日再团圆"数句，唱得悲怆而激愤，极富感染力。浓浓的中国情调和英雄末路的感伤听得我居然有一种想哭的感觉。年轻时的多愁善感随着年岁的增长已经消失，麻木不仁久矣，不曾有这种伤怀的感觉，而现在在国外它居然又回来了！伤感的同时又很激动，看来心还未老！苏东坡云"老夫聊发少年狂",莫非此之谓欤?

今天将西藏考古史的英文教学大纲修改完了,一万多字,跟一篇论文似的。拟明日让我的学生看一下,可能其中还是有不妥的地方。李峰说必须达到完美的程度,谈何容易!每日坐在电脑旁,不胜镇日之劳,颈椎最近一直觉得不舒服,看来得做点户外活动了。

3月9日

北卡大学的善本(或珍本)收藏始于1924年。汉斯家族最早给北卡大学捐赠了400部欧洲1500年以前印行的古版本书籍。此后便陆陆续续收藏一些泥版文书、欧洲中世纪手稿以及极为珍贵的早期印刷品等。此间最珍贵的包括15世纪英国第一位印刷家卡克斯顿于1483年印行的 *Confessio Amantis*(《一个情人的忏悔》)、1486年圣·奥尔本的《鹰猎、狩猎和纹章学指南》、1678年布拉德斯特里的《诗集》等。1947年,北卡大学又接受了另一笔珍贵的图书捐赠,是莎士比亚的第二次出版的全集,以及狄更斯的手稿等。到今天为止,北卡大学的善本收藏已有15

万册、手稿收藏已有 1200 份。

北卡大学的图书馆从不关门,即便是圣诞节,也只是休息半天,因为有许多人正是趁着节日来查资料或借书。他们之所以这么做,正是因为有许多人需要图书馆,图书馆在这里真正发挥作用了。书的门类之庞杂,你永远也想不到。学生建议我买辆车,我说不了解行情,算了。结果学生马上说,没关系,图书馆里有二手车买卖大全,而且是每季节更新,其中标明什么牌子的车,什么配置,使用几年,现在市场上卖多少钱,等等。房子亦然,你完全不用担心不熟悉情况。如果你嫌麻烦,可以在委托行将你所要办的事委托出去。总之,你能想到的所有门类的书籍,图书馆一定有,图书馆大概率能给出你所想要获取的知识,这就是图书馆。在这里,你可千万不

图10 1678年布拉德斯特里(Anne Bradstreet)的《诗集》(*Several Poems*)

要说不知道不了解，除非你是文盲。图书馆里有很多座位，各式各样的，有沙发、椅子、单人的、多人的、小型讲座性的、大课堂式的等。图书馆是中国探亲老人的天堂。这里有很多来探望子女的中国人，他们不懂英语，不能看电视，不能上街，而北卡大学种类繁多的中文小说、杂书便成了他们消磨时间最好的读物。只要你不借出去，你可随便进书库挑几本书，找个沙发看一天，绝对不会有人打扰你。看完之后可以放在任何地方，由专门人员将书归架。而且图书馆希望你不要归架，因为你很可能放不回原处。图书馆冬暖夏凉，楼下有食堂和简易餐馆。如果你不想花钱，可以自己带饭，图书馆任何楼层都有Water Fountain（就像我国小学供给学生直饮水的饮水器）。这里的服务人员永远是那么和蔼，无论你要求什么，他们总会热情服务，决不会推托。大厅里有许多扫描仪和复印机（复印机要付费），鼓励你用，决不会有人说你。总之，至少这里的图书馆真正做到了为大众服务。

现在是春假期间，图书馆里却依然如故，看不出是在节日里。一楼有几台电脑可以听音乐、打游戏，不过在那儿的永远是黑人，我从未见过任何白人在那里过。也许这就是白人和黑人的区别吧。但这话绝对不能在美国说，别人会告你种族歧视的。我周围有好多黑人邻居，现在天气好了，他们经常举家在外面（出了家门就是树林）聚会、吃饭、喝啤酒，同时把音响也搬出来，天天野餐，把音响旋到最大，以致小区物业常来干涉。

3月11日

知道UNC的中国人有多少吗？那天校园里伊朗恐怖分子撞倒的5个人中，其中一个就是中国人。他来自中国社科院外国文学所，跟我一样，是个访问学者，比我早来半年。他妻子是北大英语系大外部的，她带着孩子到这里来陪读。她每天与我一样，在图书馆扫描资料。而且就是那天他们俩跟我聊完天说再见后出门便遭撞了。不过他是其中受伤最轻的一个，只是腿受了点皮肉之伤。最后官方将这起车祸定性为恐怖事件。

疯狂扫了近两个月，有100多本书了，基本上够用，什么事都得有个度，拟明日再扫一天，然后就以写作为主了，扫描暂告一段落。想把图书馆有用的书扫完是不可能的，而且天理难容。想就着劲儿，一口气把西藏考古史做完，反正是要准备的。不过将军崖的岩画快要结项了，是否先把这个课题做了？反正一大堆事，都是迫在眉睫。

春假已经第5天了，一转眼就过去了，好像什么事都还没干似的。前天去我们中国人的理发店那里把头理了，理得很短，小平头，生平最短的一次。刚理完觉得非常舒服，而今天天变了以后，头上觉得凉飕飕的。今天阳光灿烂，冷风飕飕。北卡的天气变化真大。

3月15日

美国是一个法治国家，无论你干什么，首先想一想，是不是犯法。骑车要戴头盔，否则罚款25美元；乱扔垃圾，罚款25美元。要知道，这个法不一定是法律，一些规定和条约也包括在内。前些日子附近几家黑人常常在外面野餐，结果可能引起了一些人的不满，然后居委会今天在每家门上贴了张纸条，说经居委会研究通过一条规定，今后任何人不许在外饮酒聚餐，违者罚款100美元。不过今天那些黑人依然在外面聚餐，于是居委会便把警察请过来，警察说居委会的决定就是在这里居住需要遵守的法律！美国法律到了滥用的地步。今天已经是15号，春假一转眼就过去了，似乎什么都还没干。从明天开始，编写西藏考古史，不能再拖了。

3月18日

今天从图书馆借了两本书，一本是柔克义1891年出版的《喇嘛的土地》，另一本是斯文赫定的《中亚和西藏》。我把它们恭恭敬敬地摆在桌子上，正襟危坐着拜读。两个人均是大家，书也是一个世纪之前的版本，读他们的著作仿佛是在挖掘一件珍品，除了认真仔细的态度外，还有一种庄重感。书中的描述既详细又准确，插图也极其精美，其科学性一点都不比现在差。100年前的中国西部，其各方面的条件比现在都要差很多，但他们的科学著作的质量在很多方面都比现在好，这不由人不佩服，不由人不敬畏。准备认真读完这两部书。

3 月 20 日

今天是我第一次两个多小时完全用英语讲老子与道家，累死我也！现在我才知道用英语讲两个小时绝非易事。由于对英语没有语感，完全是一种机械运动，说话时脑子里不停地搜索单词，然后想怎样将他们组合在一起，大脑两个小时内高速运转，没有一点间歇时间，与一半英语一半汉语讲课完全不同。不过据说效果还不错，有两个学生甚至问李文丹我还有其他什么讲座。李文丹问我是否再安排几次。算了，太累了。人类学系还有两次讲座，能把这两次讲好就不错了。不过我的学生都说我的英语非常好，比许多在UNC执教的非英语母语的老师好。说实话，他们的赞扬与恭维（即使出于客气）极大地鼓舞了我。李文丹为了感谢我，特地在当地最好的饭馆请我吃饭。所谓最好的，只是指不是吃快餐，而是点菜，吃纽约牛排，很不错。在美国，不同饭馆不像国内一样在价格上或饭菜质量上相差很多，其实都差不多。你若吃纽约牛排在任何饭馆价钱都一样，就像美国烟一样，好烟和差烟之间价格差绝不会超过2美元。

武文和今天问我一个汉语问题,居然把我给问住了。他说《左传》中有"请勿相杀",句中的"相"是个什么语法现象?这句话的意思我懂,即"请勿杀之",但我不会从语法上加以解释。他问我"相"是不是应当"授受宾格"讲,的确是这样。现代汉语中"我有一事相求"就是这个结构。看来武文和的汉语水平要比我想象的高。他说他最大的爱好就是读《左传》,放春假10天,他天天来办公室,捧着一本线装书看。他说他不但爱看竖版书,而且爱看没有标点的。这种冬烘先生即使在中国也已绝迹!他真的就跟老夫子一样,不修边幅,西装上全是饭渍,他也不在乎。他有了《左传》这个精神世界,所有的物质世界便不再重要,只要有一口饭吃就行。古代中国对他来讲不是酷爱的问题,而是他赖以生存的精神世界的全部!我一直在想,在Chapel Hill这么一个弹丸之地,怎么会出现这么一个稀有品种?同时我又不得不佩服耶鲁大学之厉害,它能把人教育成这样,给你的不仅是知识,而且把你整个思想、感情,整个性情、情操都变成中国味了,这才叫"育人"！当我见到武文和老师，就不由得想到堂吉诃德，每每有一种悲壮感。UNC有了武文和，便非同凡响了！春假期间整个楼里只有我们俩，我们聊《左传》，而且非常忘我，这岂非奇遇？这是在美国，能有这样一种经历，我倍加珍惜，也感慨良多！

4月13日

这几天美国抗议移民案越来越厉害了。抗议活动组织者把10日定为"为移民讨公道全国行动日"，估计当天全美参加游行示威活动的人超过100万，举行活动的城市将达到136个，成为美国近年来最大规模的抗议活动之一。星期一一早校园里就有学生在游行抗议。但从他们的举动来看，像是参加一场好玩的活动一样，就像《纽约时报》所说的，没有愤怒，没有情绪，有些甚至携家带口，跟中国正月十五时候上街看灯火一样。难怪武文和的妻子说她最喜欢做的事情就是上街参加各种的游行示威活动。

星期五没课，周日过复活节。这样和周末加起来共有3天时间，按理说应该去什么地方玩玩，可仍觉得时间太短，划不来。算了，还是在家集中精力把李峰的书校完吧，反正这也是一档子事儿，早晚都得干。校稿的工作量比我想象的大，一个礼拜只能校一章，整个书校完得40天左右。李峰书写得很不错，运用西方社会学和历史学理论与方法论来研究西周，尤其关于西周分封制与聚落形态相结合的研究，使这个被人已研究了几千遍的分封制有了新的说法。以后若有空可写一篇评论。

春暖花开，春天终于全面到来。所有植物已经转绿，你甚至可以闻到它们的气息。每次上课都要经过校园的中心草坪和中心食堂，这是 UNC 景观最好的地方。因为我每次上课时，也正值学生们下课转换教室，这两块地方总是熙熙攘攘的，可以看到各色各样的人。在温暖的阳光下学生们或在草坪上扔飞盘，或坐在露天椅子上喝咖啡，不时还有人在学生会的楼前布道或举行集会，反正干什么的都有。语言也非常杂，除英语外你可以听到拉丁语、汉语、日语、法语等，像个国际性的聚会场所。每天我总是匆匆忙忙干自己的事，其实每天应该在这里待个把小时，什么都不干，要杯咖啡静坐在这里，看看人们，听听人们，感觉一下美国，我觉得这样可能更有意思。楼下新搬来一家印度（或巴基斯坦？）人，他们从不走正门，老从阳台的窗户进出，把窗户敲得震天响，嘴里喊着我一句都听不懂的话。春天到了，似乎鸟也更多了。有各种各样的鸟叫，而且都很好听。每天早上似乎都是让鸟鸣给吵醒了。

4月16日

今天学校放假。

今天上网浏览青海新闻，发现《西海都市报》——也就是青海日报社下属的一个分社——在登完《走出青海的文化名人报道》后，开始一个新的栏目《青海已故文化名人系列报道》。上面的人也都是我原来所熟悉的人，如李文实（顾颉刚的学生）、昌耀（原《青海湖》编辑）。《西宁府新志》说青海是"诸羌环居，民不读书"的地方，这种地方实在无法与江南的文人荟萃同日而语，很难出什么文化名人，有李文实、张荫西等几个极个别的例子已经是非常的不容易了。特别是张荫西，非常特别。20世纪80

年代末,青海师大历史系有个刚留校姓张的女教师,当时也住在师大的青红楼,与小鲍关系很好,所以我们之间也慢慢熟稔起来。有一天她突然送我一本书,是青海出版社出版的《荫西诗选》,我问她"荫西"是谁,她说是她爷爷。《荫西诗选》是个32开的小小薄册子,很不起眼,但我打开一看,是当时《青海日报》副主编王文泸写的序,这便使我另眼相看了。王文泸当时不仅执青海小说界之牛耳,而且在国内也小有名气。当时他写的短篇小说《枪手》,曾托杨志军让我写评论。看了王文泸的序言后,才知张荫西乃贵德奇人。张治铭,字荫西(1906—1988),号野逸、野愚、石精子等,青海省贵德县人。这人只读过私塾,但学问深厚,而且也是当地的名医。当地人称之为"孝廉"。青海民风淳厚,"孝廉"是汉代选拔官吏的两种科目。孝,指孝子;廉,指廉洁之士。后来被举荐之人也被称为"孝廉"。我小的时候在乐都石嘴上小学,记得当时认为某人有学问时,往往会说:"那人是个孝廉。"张孝廉的诗的确写得很好,而且是在贵德那样一个"诸羌环居"缺少文化的地方,难怪被王文泸称作"古典诗原野上最后的牧人"。80年代末我去贵德，县里有在张君琦主持下修建的南海殿，其中的长联长达574字，便是张荫西的杰作，诗文双雅。原拟与小张老师去拜见一下张荫西老先生，但没过几天，张老先生就驾鹤西去了，享年83岁，呜呼！王文泸对张荫西的评价非常到位："这本诗集的出版就是余音袅袅的古老歌谣绕梁三日之后一个彻底的句号，至少在贵德是如此。试问：在那一方素有'高原小江南'之誉的河谷盆地，今后还会有人像江南才子一样在风窗雨夕以心源为炉，笔端为炭，烹文煮字，锻声炼韵吗？不会了。在这个只要手里有银子，出一本精装书易如反掌的商品时代，在贵德乃至在青海的土地上，还能产生一本这样的古典诗集吗？不会了，永远。"读荫西的诗，深深地浸入到中国传统文化的氛围中去了，突然耳边响起："Hi man！"（嗨，哥们！）抬头一看，才意识到自己依然身在美国！一时之间，恍若隔世！此时才深深理解李煜"梦里不知身是客"的感觉。

4月24日

昨天乐钢请我、马戎（北大社会学系主任，在Duke

大学讲学,情况与我一样)和陈波(川大藏学所刚分来的博士生,乐钢在这里给他找了一个博士后的名额)在 Raleigh 的腾龙阁吃饭,是广东早茶式的饭菜,主要是鱼虾,我不能吃,只能吃些牛肉。饭后我和乐钢去转了转 Raleigh(罗利),Raleigh 是北卡州的州府,约 30 万人口,跟中国的一个镇差不多。昨天是星期天,但市里人非常少,许多铺面开着或空置着,没有人,跟鬼城一样,这就是非工业化阶段人们都住到乡村去的结果。有点钱的人都在乡下别墅居住,而没钱的拉丁人和黑人却都拥到城市里。所以美国的城市现在都非常萧条,特别是到了周末,底特律这种情况最严重。城市中心只是政府机构、博物馆、图书馆的所在地。而商店则被大型的仓储超市所代替,都在城市边缘,因为需要有大型的停车场。所以在美国一般城市(除纽约、华盛顿等)逛街只能逛博物馆、一些纪念建筑和政府机构。美国的政府机构是参观旅游景点之一。每个州府都有标志性的建筑和办公大楼,这些都是对公众开放的。昨天我们去立法大楼参观。美国所谓的民主,体现在各个方面,任何政府机关任何时候均可自由参观,而且还有免费导游，充分让人民了解政府是如何工作和运转的。每个州都有其象征性的建筑，大多是仿希腊风格的建筑，然后在建筑前有些铜制雕像，大多为对此州有卓著贡献的人物。但所有美国州府雕像中你可以发现一个特点，就是以战争为主体，如南北战争、越战等，这充分反映出美帝国主义的侵略本质，就连他们历史博物馆里的陈列品反映的都是殖民史，反映"五月花"号所运载来的英国人如何在这片北美大地上发家致富，建立起美国，要么就是如何从别国掠夺文物。昨天还去看了看美国的 State Fair Ground（州集市会场），类似中国的大集。只有在这种场合，似乎才感到有些热闹，大多数时间，美国人都各过各的，互不来往。我花 3 美元买了一个墨镜，估计是从中国来的。现在在美国很难买到不是中国的东西，尤其是日用品。

8月4日凌晨4点（时差尚未倒过来）

8月2日从上海出发，开始下半年的旅美生活。走的时候南京如蒸笼一般，竟有一丝想念北卡的清凉了！殊不知到了北卡后，竟如南京一般的溽热，虽昼夜温差稍大，夜里稍微舒服一点，但白天仍是热浪滚滚，一如虎口狼窝之别，看来还是无法与青海比拟。飞机从上海飞行13个小时之后当地下午5点，飞机在芝加哥降落。在芝加哥入境口排队的人有好几百！正常排队我肯定是赶不上7点40赴RDU的飞机了，我只好厚着脸皮挤到最前面，请前面的人照顾我先办，人们在这一点上都是比较通情达理的："You will make it！"（你可以办理！）办入境手续的是一位带拉美口音的老太太，在为如此众多的入境者办理这些枯燥手续时竟十分开朗，我多次入境的最后日期是8月3号，而我入境时是2号，她说："It's getting expired."（它快过期了。）我说："That's why I enter today。"（所以我今天来办。）办完手续后她笑吟吟地对我说："You may enter again tomorrow！"（你明天可以再来！）乐钢后来说这是典型的美国幽默。

　　上海浦东机场由于太大，空调跟没有一样，候机时汗水顺着头发往下流；芝加哥机场与上海机场同样大小，但居然冻得人直打哆嗦！由于芝加哥傍晚电闪雷鸣，很多飞机都不能起飞，各个候机处都塞满了人，几乎所有的人都裹着机场临时发的毯子来回匆匆走动，候机厅看上去像是冬天！机场既然备有这么多毯子，显然知道机场内气温太低，然而即使是这样，也不见空调温度稍稍调整回升一点。7点40分的飞机由于天气的原因，最后到凌晨2点10分才起飞，到达北卡已是早上5点了！入关检察官的"good evening"（晚上好）变成"good morning"（早上好）了。到RDU（罗利达拉姆国际机场）之后准备乘坐TTA回Chapel Hill，正在等车时，突然看见乐钢开车停在我身边！心里顿时非常感动。因为芝加哥机场飞机何时起飞一直不能确定，所以我就没给乐钢打电话，我不能让他等整整一个晚上来接我。然而他确实等了整整一个晚上，一直在网上查看飞机的起飞时间，我心里真是过意不去！不过此举免却他再跑一趟来机场接6点20分到达的刘石。刘石是清华大学中文系的教授，也是乐钢请来做访问学者的。刘石第一次来美，拟在北卡大学待半年。我俩在机场又等了一个多小时，好在刘石的飞机正点到达。

上午去Dominion Ramsgate（拉姆斯盖特自治酒店）办入住手续，接待我的是Hahle（哈勒）小姐。她拿出像一本书一样厚的各种合同让我签字，里面都是些奇奇怪怪的条款，美国确实是一个法治契约国家。我以前交过200美元的保安费，99美元的申请费；今天又交了150美元的押金，433美元的房费，300美元的电费押金（从8月4日开始），一共是1182美元。下午乐钢带我们去开通有线电视和购物，我花了60美元。

我、刘石，再加上我们的顶头上司李文丹，算是Asian Studies 的教授，这是一个奇怪的组合。介绍一下每个人的背景：刘石是刘文彩的侄孙子、李文丹是李立三的孙女，我是汤增璧的孙子。毫无疑问，刘文彩的名气最大，李立三次之；汤增璧许多人不知道，他是辛亥革命同盟会《民报》的副主编（主编是章太炎），曾经是毛泽东在湖南师范读书时的老师，斯诺的《西行漫记》中曾经提到他。

上午搬家，下午买东西。新居一切都很好，四周草木翁郁，绿荫蔽日。外面热气蒸腾，而屋里却清凉宜人，可能是三分之一在地下的缘故。只是换的新地毯，或许是新屋子，以前没人住过，里面有一股呛人的怪味。不过还是很好，很高兴，算是安顿下来了。新的生活又开始了。

8月4日

昨天下午去学校，给刘石介绍Lori和Pat（帕特）。我与刘石还有张航（亚洲语言系教汉语的教师）分在一个办公室，我的办公桌靠窗户，窗外便是北卡大学景色最美丽的那部分，比原来没有窗户的办公室好多了。而且这次办公室在一楼，进出都很方便。刘石的办公电脑尚未接入网络，而他的手提电脑也无法上网，所以他有些着急。晚上乐钢请我们吃饭，陪同的还有北卡肿瘤放射科网络维护余励耘老师。去年过年时乐钢带我去过他家，余励耘是1953年的，但看上去比我还小，人非常厚道，而且也很热心。他是电脑专家，我电脑的无线上网一直无法使用，结果让他随便一弄，就好了。我回到驻地一试，居然在家里也可以无线上网！这倒是令人喜出望外。不过有线网络还是要装，因为他给我们推荐了一款网上电话，每月只花25美元便可任意打电话，我们准备试试。Food Lion是这里最大众化的食物超市，是我们经常光顾的超市，但在这里久住的人或者有车的人，更愿意去Costco（开市客），一种会员制的仓储超市，其实那里的东西比 Food Lion 还便宜，只要你缴纳一定数量的会员费，一般一年在 60—80 美元之间。与美国其他地方一样，里面的服务是一流的，食品许多都是本店专制，现场提供各种品尝服务，一圈转下来，似乎吃了一顿像样的午餐。里面的服务员都不说："Can I help you？"（我可以帮您吗？）而是说："How can I help you？"（我能为您做些什么？）服务显然进了一步，让人感觉很舒服；殷勤至此，若不让他帮忙，反而显得不厚道了！尤其是对那些女士，受到的礼遇更是优渥，这在美国非常普遍。上公共汽车时，女士优先。如果遇上哪位女性有困难，那帮她的人更是争先恐后，这让我想起英语中的谚语 "The damsel in distress and the knight in shining armor"（落难的少女与白马王子）。

8月5日

中午吃过午饭后与刘石去图书馆。我还去了趟银行，我的卡上还有 6000 元钱。由于周末，很多事办不了，星期一再说吧。回到 UNC 感觉很亲切，有种回家的感觉。

其实美国也没劲，安逸、舒适、懒散，但美国人决不允许生活不按他们想象的去变化。美国人一方面恪守他们祖先那种禁欲式的精神生活，但物质是绝对要富足的。高情操、富物质就是美国人的生活理想。不过这两者往往是矛盾的，我认为在富足的物质下要保持高尚的情操是很困难的。怎么办？美国人的做法是将其分开，把高尚的情操给别人，鼓吹就等于恪守，而把富物质留给自己。厉害！

8月9日

美国由于有众多的移民，加之贫富差别很大，所以移民和治安问题一直是美国政府头疼的问题。就治安而言，美国人的骄傲——纽约和华盛顿，也开始被专家学者们划到"低度安全城市"的行列。但是，从1994年到2005年，华盛顿的犯罪率持续下降，凶杀案从每年399件减少到195件。美国当局将其归功于所谓中产阶级化的城市改造运动。

所谓中产阶级化，指的是西方国家的城市更新运动在20世纪六七十年代以后出现的一种现象：一些较富裕的居民陆续从郊外迁入市区，而市区原有的贫穷居民则被迫逐渐迁出。其本质是富有阶层的居民通过一种小规模的社区更新过程，重新占据城市中心的土地资源和生活空间。

在华盛顿，这一运动体现为象征着现代都会文明的地铁不断向城市边缘扩展，而一些原有的贫民区，如亚当斯-摩根、唐人街和哥伦比亚高地等地的穷街陋巷则被拆除，被拔地而起的数百座高楼大厦所取代。原来住在郊区的白领阶层纷纷搬进新近落成的高级住宅区，而为有钱人服务的高档酒店、餐厅、酒吧、商场、戏院等各种休闲服务设施也应运而生。原来的贫民则因地价太高而被迫迁出，这样中心区的犯罪率也就随之下降。

由于城市的中产阶级化，许多贫民被迫离开原有住所到城市边缘地带居住，在社会、文化、教育等方面被进一步边缘化，久而久之，不免会对新来的富裕居民产生不满和仇视，从而出现一种"仇富"心理，进而通过犯罪等极端手段来报复；而新来的富人由于在郊区生活惯了，不能一下子适应都市的生活习惯，缺乏必要的警惕性，又给犯罪分子留下了可乘之机。

华盛顿市政府从1977年开始在市区内实施枪支管制，平民持有手枪将被视为犯罪，而民间所有的枪支弹药都必须在有关部门登记。今年以来，因抢劫被捕的青少年与去年同期相比增加了近一倍，五六个人一伙，年龄在13至15岁左右，持有手枪，作案手法十分恶劣。而美国法律对青少年犯罪处置甚轻，连续5次抢劫被捕才会被劳教，而且3个月后便予以释放。

8月11日

这个学期似乎日子过得很快，转眼来美已经快十天了，不过到目前为止，时差还没完全倒过来。Cable（电缆）互联网线已经装好，并已将第一个月的费用交给了安装工人。准备过两天再将每月25美元的电话装上，这样便应有尽有了。这两天没事，与刘石转美国的二手货商店，里面的商品五花八门，非常便宜，是一个淘宝的好地方。我买了一个小闹钟和小挂钟，一美元一个，非常实用。这种商店需要时时光顾，因为它的商品换得很快。由于价钱极为便宜，所以每次去都人满为患，看来美国人也喜欢便宜货。

8月18日

刘石装了 Italk 电话，我其实就不用了，因为有 VoipBuster（一种网络电话软件），通话也很方便。余励耘来帮我们装电话，结果发现 Warnar Cable（时代华纳有线公司）公司的 Moden（调制解调器）特别损，他们怕你一根线用两台机子，所以在 Moden 安了一种记忆装置，也就是说这个 Moden 只认最近的一个电脑的物理地址。所以当刘石的电话装到 Moden 上之后，我们俩的电脑它全不认了，拒绝联网。没办法，只好再花 53.47 美元装一个路由器，这样我和刘石的电脑才能上网。

8月28日

下雨了！这是到美国 20 多天来的第一场雨。刚出图书馆时，猛然间一声炸雷，惊起身边女孩们的一片尖叫，看来美国女孩与中国女孩是一样的。雨下得很大，但我必须赶车,所以只好冒雨赶往车站,感觉跟冲淋浴没什么两样。一直低着头赶路,突然抬头一看,嗬!居然有那么多的学生在雨中行走!此时正值学生下课交换教室之际,但从他们从容的步履来看,他们似乎不是迫不得已。此时我突然发现大约多半女孩本来应穿在脚上的鞋子全跑到手上去了。她们拎着鞋,器宇轩昂地走在红砖铺就的小道上,雨水将她们单薄的衣服紧贴在身上,凸凹有致,曲线毕呈,居然是一道风景线!

9月2日

今天在图书馆发现我的导师Emmanuel Anati(伊曼纽尔·阿纳蒂)于20世纪60年代出的一本书,书名叫《卡莫诺山谷》,这本书我在意大利时见到过,是意大利文的,所以,当时只看图没看文。今天在这本英文版(1961出版)上发现了我以前不曾知道的事。该书的扉页上写着:To my teachers: Professor R.Vaufrey, The Abbé H.Breuil.(致我的老师:吴复说教授,步日耶神父。)这让我非常吃惊,因为这个The Abbé H.Breuil就是大名鼎鼎的发现北京周口店遗址的法国著名的史前学家步日耶神父。也就是当年裴文中的老师，而贾兰坡想拜其为师却未能如愿。R.Vaufrey也是一个法国著名的史前学家，主要研究古生物，许多文章是关于更新世晚期大象、猛犸等大型古生物的。

我觉得我顿时也身价百倍了，出身名门啊！以前居然毫不知晓耶！

9月6日

房费晚交，多交30美元滞纳金！问题不在于此，而是通过这件事对美国的认识又深入一层。上半年租的是一个中国房主的屋子，那个房主每月的最后一天都会提醒我交钱。当时我还很生气，认为不提醒我也不会忘记，即使忘记也绝不会超过两三天或不交。但现在看来，在美国按时交房费是一个法律意义上的条款，不按时交与不交只是惩罚的不同，而从性质上来看却没什么区别。当然，他们也有人性化管理，规定每月的1号至5号缴纳房费，给你足够的宽松时间。与中国不同的是，假如你6号以后交会怎么样？若在中国，可能解释一下即可，至多再缴纳一些滞纳金。也就是说滞纳金在一定程度上可以协商。但在美国则不行，过期后你就无法通过正常的支票和现金形式来缴纳房费了，你必须到银行用普通支票换取一张保付支票，或到附近的食品超市如 Food Lion 里用信用卡或现金购买一张汇票，然后拿着这两样才能交房费。无论你是用支票还是用现金都必须被确认后，人家才放心接受，因为既然你晚交房费，就意味着你的信誉度是不存在的，那么你的普通支票、信用卡和现金都有可能是假的！美国，认识你还真有点疼！

9月7日

今天见识了一下美国中学生，一群极具活力的女孩。我始终没有搞清楚她们聚集在天文馆楼前干什么，猜想可能是篮球比赛的那种啦啦队。一个个的小方阵，每个人都穿着统一的服装，手里都拿着一样的气球，像啦啦队一样嘴里喊着非常一致的口号，一句也没听懂！轮到每个方阵时，她们便又喊又跳，声音高亢划一，极富活力，似乎整个北卡的学生都集中在此呼叫呐喊一样。这种锐可裂帛的年轻女孩的呼唤声吸引了大批北卡男生来观看，有一个男生气喘吁吁地赶到后，看见这满眼的女生，吃惊地说："Oh！ My Jesus！"（哦！我的上帝！）相当于汉语中的"天哪"，完全是一种预料之外的惊喜，好像这些女学生全是为他准备的。其实在穿着上她们与大学生已经没有什么区别，除了脸上稚嫩一点外。

9月16日

今天与刘石乘 TTA 去 South Point Mall（南角购物中心）。我一直以为美国没有像中国那样的大型商贸城，就像南京新城市广场那样，但今天去的 South Point Mall 则规模庞大，和中国的 Mall（购物中心）可有一比。Mall 太大了，我跟刘石几乎一个不落地要把每个店都转过来了。其实里面的东西也跟国内差不多，尤其是服装等，你根本不可能买着不是中国造的服装。我本想给女儿买一个钥匙链，但全部是中国造，既然如此，何必在这里买？与衣服相反，中国饭菜却由拉美人来做。跟国内一样，所有吃的都集中在一起，有点像国内的大排档。这里中国的米饭炒菜占多数,大约有七八家,但没有一家是中国人开的,全部都是拉美人,甚至黑人。每当我路过他们的摊位时,他们都争先恐后地用牙签插一块肉来让你尝。他们敢在"鲁班门前抡大斧",他们坚信他们的中国菜做得不比中国人差。不过我倒是想吃意大利汉堡,可却吃到了生平最难吃的汉堡。

9 月 24 日

今天去 Carrboro(卡伯勒)参加 The 9th Annual Carrboro Music Festival(第九届卡伯勒音乐年会),似乎全 Chapel Hill 和 Carrboro 镇的人都来了,大街上熙熙攘攘,俨然像过节一样。不过所谓的音乐节,的确有点小题大做,总共看见五个乐队在那里演唱。一个乐队多者 7—8 个人,少者 3 个人。尽管只有 3 个人,也弄得惊天动地的,主要是音响非常好。感觉唱得都非常好,有专业水平,绝非中国卡拉 OK 所能比的。整个音乐节是典型美国式的,非常散漫,许多人都带着折叠椅来。实际上所谓音乐节只是找个机会让大家放松一下,聚一聚,享受一下生活的温情。许多人都跟着音乐极其难看地在跳舞。你可以随便拉起一个伴儿来跳,也可抱着婴儿,甚至抱只狗跳,也可一个人跳。目的在于放松,所谓"enjoy yourself"(尽情享受),而不是跳给别人看。正因如此,这些跳舞的人看上去便显得很恐怖,把个好好的舞跳得跟耍大神一样,那些巨肥的人看上去像是在打夯,身上的肉颤动得让你担心会掉下一块来。

美国节日中的懒散与放松正是对平时太过约束的释放。美国是个自由的国家,但也是一个非常有秩序的国家,待人接物、乘车走路都有很严格的规矩或习俗,例如坐在公共汽车上绝没有东张西望、高声说话、扣鼻挖耳,甚至站得东倒西歪的人,恋人间也没有相互拥着或亲密的举动,车上写着 No smoking(禁烟),No drug(禁毒),No alcohol(禁酒),No profanity(不亵渎神明)。它的自由正是建立在秩序之上。

10 月 15 日

周宁来了,于今天早上返回中国,在这里待了十几天。他在 Duke 大学参加一个学术会议，然后在乐钢家多待一个星期。受我的影响，他每天也跑到图书馆去扫描书，居然扫了 12 本之多！刚开始非常兴奋，因为如此简便的方法就把人家的原著带回去，感觉像是抢劫一样。可扫到后来却又开始怪我了，说我的"PDF 工程"把他国外休假变成国外打工了！不过他走的时候还是非常满足的，这是不劳而获，谁不愿意？

马上放秋假了，刘石准备去加利福尼亚，而我却一直还未决定怎么度过秋假。秋假从 10 月 18 日至 21 日，只有 4 天，作长途旅行时间太短。Janet（珍妮特）让我去她那里，但 South Dakota（南达科他州）太远了，到她那儿后当天就得返回。想去 Mississippi（密西西比州）杨楠他们的发掘工地，但不知他的老板是否答应。很可能还是在图书馆度过，其实我倒不是非常想出去，这大概就是老了的表现，窝在一个地方不想动。昨天寒流袭击纽约，纽约遭遇了今年第一场大雪，这里也骤然降温了，尽管艳阳高照，却有丝丝凉意，可以感觉到沁人心脾和砭人肌骨的秋天寒气。树叶开始慢慢变黄，开始有秋的味道了。在三峡时老是满眼绿色,好像也颇乏味。四季颜色和景观的变化正如人的喜怒哀乐变化一样,要交替轮换,否则自然就没有了风景,人就没有了个性,便不再 attractive(有魅力的),不再 charming(令人着迷的),不再 glamorous(独特的)。美国的自然景观极为动人,但人文景观就千篇一律,走到哪里都一样,就像美式英语和麦当劳一样,缺乏变化,毕竟历史太短嘛。自然景观有了广阔的空间,自然千姿百态;而人文景观则需要时间,漫长的时间会产生各种各样的人文景观。由此你便可以想见和中国以及欧洲相比,美国的人文景观根本就不值得一看。整个北美都不如南美那样 glamorous,尤其对我这种搞考古的而言,Inca(印加)这个词的本身就充满诱惑,巴西、智利这些国家名字的本身就是一种诱惑。现在美国的拉丁移民太多,以至所有的人都对拉丁人有偏见,但我对拉丁人却没什么恶感,我住的周围拉丁人居多,我觉得他们挺好的。

10 月 17 日

学校要放秋假了,从 10 月 18 日至 21 日。要出去玩一趟，但似乎时间短了点。而且这两天天气不好，一直在下雨。说起雨，便想起中国了。在中国，秋雨总是能够牵出许多伤感、孤寂、思乡、感怀的东西，而在美国，雨就是雨，就是水，夏天能让你清凉，冬天能让你感冒，能让你真切地感到something physical（实质性的东西），而绝没有精神层面的联想。尽管眼前的雨中美国的景观绝不亚于烟雨三峡，但就是没有任何精神联想，只感到冷飕飕的。由此我突然怀疑起新考古学的著名理论基石：相同的环境便能产生出相同的文化。而对于现在的我来说，相同的客体和主体，却产生不出写烟雨三峡时那种哀感顽艳的思想和情感？《烟雨三峡》那种凄艳缠绵的文化跑哪里去了？当然，那些后殖民主义和后现代派的理论家对此会有雄辩和让人讨厌的解释，但我懒得理会。美国的雨也是如此理性：消夏解暑，要么就寒冷，就像美国一样，全部被二元两分法对立起来，难道就不能含混一些？少一些价值判断？不好，却让人恋恋不舍？我很丑，但很温柔？堕落而又快乐？

所以美国文化特没劲，一切都是那么清晰而有条理，充满了理性。中国人可能更喜欢"汪汪如万顷之陂，澄之不清，扰之不浊"。

10 月 19 日

美国最便宜的食品大概是午餐肉。在国内，午餐肉觉得还挺好吃的，想不到午餐肉到了美国竟如此难吃。两个月前图便宜买了十听（套装）午餐肉罐头，总共才不到 3 美元。打开一尝，真难吃。每一听装着 8 支 2 寸长的香肠，放在嘴里用舌头一挤就化了，根本没嚼头，吃上去像腐烂的肉糜，还有一股浓烈的防腐剂味道。放了两个多月还吃不完一听。总不能扔了吧？十听若扔到垃圾桶里也定然会有些动静。首先习惯了勤俭节约的我不会有这种行径；此外，总不能像动物一样，或美国人一样，对不喜欢的食物闻闻，然后扭头就走吧？人还是应该有点文化，把不好吃的东西变好吃了，这就是文化。浪费食物是懒人的习惯，这是个人态度问题。我曾经试着用七八种烹调方法来加工这种午餐肉，但最终还是不好吃。我的胃口已经彻底被这小小的香肠破坏殆尽，曾一度看美国的什么食物都像午餐肉了！不过这些午餐肉还是不能扔，这与浪费不浪费已经没什么关系了，而是中美文化之间的一种较量。

不过最终我还是找到了彻底改变午餐肉的口感与味道的方法。我把午餐肉放到橄榄油里炸，等皮面焦黄后再裹以椒盐，好了，吃上去居然与四川的麻辣串无异！没想到美国的食物一经改造，还变得挺彻底。收获：只要功夫深，铁杵磨成针。